Doreen Blumhagen

Mein ABC Lapbook

Kopiervorlagen zum Schneiden, Falten und Weitergestalten

Verlag an der Ruhr

Impressum

Titel
Mein ABC-Lapbook
Kopiervorlagen zum Schneiden, Falten und Weitergestalten

Autorin
Doreen Blumhagen

Titelbildmotiv
Doreen Blumhagen

Druck
Heenemann GmbH & Co. KG, Berlin, DE

Verlag an der Ruhr
Mülheim an der Ruhr
www.verlagruhr.de

Geeignet für die Klassen 1–2

ISBN 978-3-8346-3792-5

Inhaltsverzeichnis

Kopiervorlagen

Anlaute im Überblick

Einzelne Laute und Buchstaben

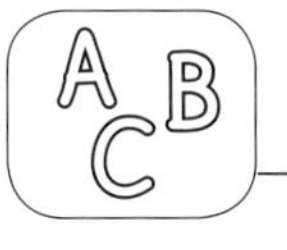

Das ABC

Methodische und didaktische Hinweise

Lapbook – Was ist das?

In einem Lapbook dokumentieren und präsentieren Schüler* ihre Lern- und Arbeitsergebnisse in einer individuellen Entdeckermappe. Diese mehrfach aufklappbaren Mappen enthalten viele verschiedene Minibücher mit Informationen zu einem Gesamtthema. Das Besondere daran ist, dass diese Minibücher z. B. zuerst aufgeklappt, gedreht oder durchgeblättert werden müssen, um die Informationen lesen zu können, wodurch die Neugier beim Lesenden geweckt wird. Solche Minibücher können z. B. kleine Hefte, Drehscheiben, Pop-up-Karten, Umschläge, Leporellos oder Faltbücher sein. Diese werden von den Schülern selbstständig bastelnd, malend und schreibend zu den Teilthemen gestaltet. Dabei kann es sich z. B. um Zeichnungen, Geschichten oder Steckbriefe handeln.

Die fertigen Minibücher werden von den Schülern gesammelt und auf einen Tonkarton, meist in der Größe DIN A3, geklebt. Der Tonkarton selbst wird auf DIN-A4-Größe gefaltet. Auf diese Weise entsteht ein großes Buch mit vielen kleinen Büchern (siehe Beispielfotos S. 15).

Die Bezeichnung „Lapbook" bedeutet, dass die Mappe nur so groß ist, dass sie auf dem Schoß (engl. „lap") des Schülers Platz hat.

Vorteile eines Lapbooks

Durch die optische Besonderheit und den Bastelaspekt ist die Erstellung eines Lapbooks für die Schüler sehr **motivierend**, da sie die Möglichkeit haben, etwas Einzigartiges und Individuelles zu gestalten. Die Schüler arbeiten **selbstständig** und setzen sich **vertieft** mit einem Thema auseinander.

Lapbooks können Ihre Schüler zu **allen Themen** des Grundschulunterrichts anfertigen.

Die Gestaltung eines Lapbooks können Sie in **verschiedenen Unterrichtsformen** integrieren: So ist der Einsatz sowohl als Ergebnissicherung im lehrerzentrierten Unterricht, aber auch als selbstständige Aufgabe im offenen Unterricht möglich.

Lapbooks ermöglichen es Ihnen, Themen **differenziert und individuell** zu erarbeiten. So können leicht unterschiedliche Schwierigkeitsgrade durch Impulse und Aufgabenstellungen gesteuert werden. Die Schüler haben die Möglichkeit, Teilthemen auszuwählen und auf verschiedene Art und Weise zu präsentieren und eigene Ideen einzubringen.

Die Erstellung eines Lapbooks kann in **Einzel-, Partner- oder Gruppenarbeit** erfolgen und eignet sich dadurch auch für den inklusiven Unterricht.

Bei der Präsentation eines Lapbooks wird aufgrund des interaktiven Aspekts die **Neugier** bei dem Betrachter geweckt, immer wieder etwas Neues zu entdecken.

Lapbooks sind nach der Erarbeitung auch ideal zum **Lernen und Wiederholen** von Inhalten. Die Lösungen sind durch die Klappen zunächst abgedeckt. Die Schüler nennen die Lösungen und können diese eigenständig durch das Öffnen überprüfen.

Durch die Minibücher können **viele Informationen** zu einem Thema auf **wenig Platz** präsentiert werden. Das Lapbook wird auf DIN-A4-Größe gefaltet und passt, im Gegensatz zu einem herkömmlichen Plakat, in jeden Hefter. Als praktikabel hat sich die Aufbewahrung in einer Prospekthülle erwiesen.

---

* Aus Gründen der besseren Lesbarkeit haben wir in diesem Buch durchgehend die männliche Form verwendet. Natürlich sind damit auch immer Frauen und Mädchen gemeint, also Lehrerinnen, Schülerinnen etc.

Hinweise zum Einsatz des „Mein ABC-Lapbooks"

Mit ihrem „Mein ABC-Lapbook" gestalten die Schüler **bereits im Anfangsunterricht** der ersten Klasse ihr **erstes Lapbook**. In diesem sammeln und dokumentieren sie ihr Kennenlernen der einzelnen Laute und Buchstaben und werden damit auf kreative Weise in ihrem **Leseprozess unterstützt**.

Ein fertiges „Mein ABC-Lapbook" wird zu einem besonderen **Erinnerungsalbum** an die Zeit des Lesen-Lernens.

Welches Material wird benötigt?

Die Faltvorlagen (S. 21–64)

Für ihr „Mein ABC-Lapbook" stehen den Schülern insgesamt **14 verschiedene Faltvorlagen mit den Faltanleitungen** und konkreten **Aufgabenstellungen** zur Verfügung.

Die Faltvorlagen beschränken sich auf wenige und einfache Faltungen, sodass die Schüler diese nach einer **gemeinsamen Schritt-für-Schritt-Anleitung** während der Einführungsphase des Lapbooks **selbstständig** durchführen können.

Um den Schülern das Falten der Minibücher zu erleichtern, bietet es sich an, Muster vorzubasteln und ihnen als Anschauungsbeispiel (ohne Inhalt) zur Verfügung zu stellen. Diese können auf einem Plakat oder in mehreren Lapbooks zentral im Klassenzimmer bereitgestellt werden.

Sowohl Faltanleitungen als auch Aufgabenstellungen wurden **textlich für den Anfangsunterricht entlastet**. Teilweise erklären **Bilder** die einzelnen Schritte.

Die Aufgabenstellungen zu jedem Minibuch regen die Schüler an, sich mit den Lauten und Buchstaben des Alphabets mit verschiedenen Sinnen auseinanderzusetzen.

Benötigtes Zusatzmaterial

Zum Start benötigt jeder Schüler einen **farbigen DIN-A3-Karton**, der als Umschlag des Lapbooks auf DIN-A4-Größe gefaltet wird. Je nach Umfang der Arbeitsergebnisse kann dieser Umschlag während der Gestaltung des Lapbooks leicht durch einen zusätzlichen DIN-A3-Karton oder Einzelklappen für weitere Minibücher erweitert werden.

TIPP: Für das Anbringen von Klappen bieten sich am besten breites Papier- oder Stoffklebeband an. Rechnen Sie damit, dass Ihre Schüler beim Befestigen der Klappen Ihre Hilfe benötigen!

Für die Gestaltung der meisten Faltvorlagen benötigen die Schüler **Kleber, Schere sowie Bunt-** und **Schreibstifte**. Für Drehelemente werden außerdem oft **Musterbeutelklammern** eingesetzt. Es bietet sich zudem an, ein **Heftgerät** zur Verfügung zu stellen.

Wenn für eine Vorlage Zusatzmaterial benötigt wird, wird dieses in der folgenden Gesamtübersicht der Angebote (siehe Seite 10–13) aufgeführt.

Welche inhaltlichen Ziele werden umgesetzt?

Das Material ist so aufbereitet, dass Sie bei der Gestaltung des Lapbooks verschiedene Schwerpunkte setzen können. Diese werden zur **leichteren Orientierung** auf jeder Kopiervorlage durch **Symbole** angegeben:

Schwerpunkt: Anlaute im Überblick (S. 22–33)

Bei diesen Materialien stehen **alle Laute** und ihre **phonologische Wahrnehmung** im Mittelpunkt der Erarbeitung. Die Schüler isolieren Anlaute mit Anlaut-Bildern und analysieren die verschiedenen Laute in Bildwörtern. Mit den Vorlagen gestalten die Schüler sich einen Gesamtüberblick über alle Laute analog zu einer Anlauttabelle.

Die Vorlagen regen außerdem die Schüler dazu an, mithilfe der Minibücher lautgetreue Wörter zu schreiben.

Schwerpunkt: Einzelne Laute und Buchstaben (S. 34–55)

Die Schüler gestalten zu **jedem Laut bzw. Anlaut** ein eigenes Minibuch. Die Aufgabenstellungen berücksichtigen dabei die **phonologische Bewusstheit, visuelle Wahrnehmung** und das **Schreiben der Grapheme** der einzelnen Buchstaben.

Schwerpunkt: Das ABC (S. 57–64)

Bei diesen Materialien steht das **gesamte ABC** im Mittelpunkt. Die Aufgabenstellungen üben die Reihenfolge des ABC und regen eine kreative Auseinandersetzung damit an.

Wie kann das Material im Unterricht eingesetzt werden?

Die Materialien aller Schwerpunkte können in **verschiedenen Unterrichtsphasen** eingesetzt und auch **miteinander kombiniert** werden:

1. Möglichkeit: Anlaut-Lapbook

Die Schüler gestalten ein Lapbook mit den Materialien des Schwerpunkts „Anlaute im Überblick" (S. 21–33) **zu Beginn des Erstleseunterrichts**. Dafür werden insgesamt zwei bis drei Unterrichtsstunden benötigt. Nach der Fertigstellung des Lapbooks können Sie es anstatt einer üblichen **Anlauttabelle im Leselernprozess** einsetzen.

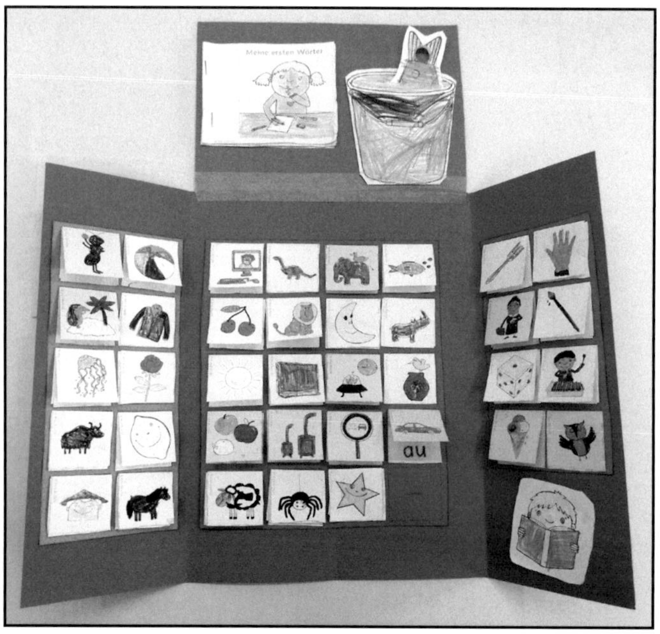

Da die Buchstaben selbst den Schülern erst durch das Aufklappen der Anlaut-Bilder ersichtlich werden, wird das **Automatisieren von Laut und Graphem** unterstützt. Beim ersten Verschriftlichen von Wörtern zerlegen die Schüler das Wort in die einzelnen Laute. Sie überlegen, welches Anlaut-Bild zum benötigten Bild passt und welcher Buchstabe geschrieben werden muss. Durch das Aufklappen des Minibuchs überprüfen die Schüler, ob es sich um den richtigen Buchstaben handelt.

TIPPS:

- Es gibt viele verschiedene Möglichkeiten, wie die Kinder die Laute in ihrem Lapbook anordnen können. Jeder Lehrer bevorzugt eine andere **Anordnung**. Schreiben Sie, falls Sie eine bestimmte Anordnung favorisieren, die Buchstaben vor dem Kopieren in die Kästchen des Bauplans (S. 29/30).
- Gestalten und erarbeiten Sie das Anlaut-Lapbook **fächerübergreifend** mit dem Werk- bzw. Kunstunterricht. Im Werkunterricht schneiden, kleben und malen die Schüler die Vorlagen für ihr Lapbook.
- Im Deutschunterricht führen Sie die Schüler an das Arbeiten mit Anlauten heran. Nutzen Sie dazu die Ankreuzlisten mit unterschiedlichen Ideen (S. 34 und 50).

2. Möglichkeit: Buchstaben-Lapbook

Die Schüler gestalten mit den Materialien des Schwerpunkts „Einzelne Laute und Buchstaben" (S. 34–55) ihre Minibücher **begleitend zur Erarbeitung der einzelnen Buchstaben** während des gesamten Leselernprozesses. Dabei können Sie methodisch unterschiedlich vorgehen:

- Die Schüler gestalten das Buchstabenbuch nach der gemeinsamen Erarbeitung des Buchstabens als Übung und Ergebnissicherung im lehrerzentrierten Unterricht.
- Das Buchstabenbuch wird als eine Aufgabe während eines Stationsbetriebs oder eines Buchstabenwegs zum erarbeiteten Buchstaben selbstständig von den Schülern gestaltet.
- Die Schüler erarbeiten sich die Buchstaben in ihrem individuellen Tempo im offenen Unterricht. Zu jedem Buchstaben gestalten sie selbstständig ein Buchstabenbuch.

Für ein Buchstaben-Lapbook mit allen Lauten benötigt jeder Schüler drei DIN-A3-Tonkartons, um daraus drei Lapbook-Umschläge in Grundfaltung herzustellen. Diese werden aneinandergeklebt (vgl. auch S. 17 Punkt 5).

TIPP:
Die inhaltliche Gestaltung der einzelnen Buchstabenbücher kann auf verschiedene Art erfolgen und bei jedem Buchstaben variiert werden. Auf den Kopiervorlagen „Buchstabenbücher basteln – Ankreuzliste" (S. 34 und 50) finden Sie dafür verschiedene Ideen. Die Ideen bzw. Aufgabenstellungen sind als Bausteine gedacht. Nutzen Sie diese, um individuelle Laufzettel durch Ankreuzen anzufertigen.

3. Möglichkeit: ABC-Lapbook

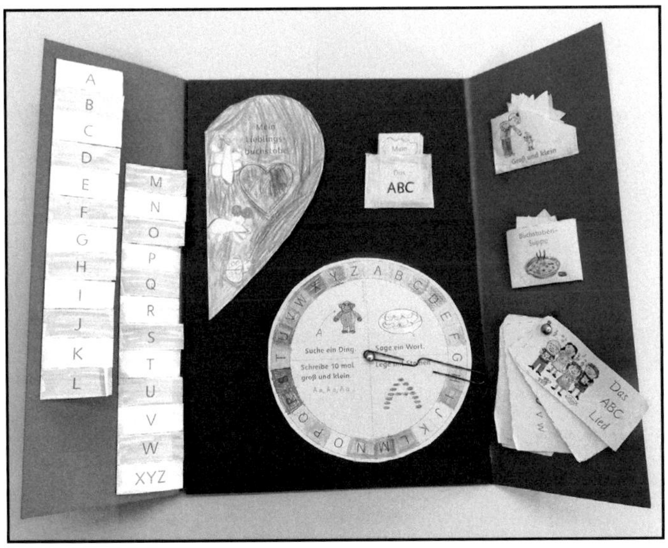

Die Schüler gestalten mit den Materialien des Schwerpunkts „Das ABC" (S. 57–64) **nach der Behandlung aller Buchstaben** ein Lapbook über das **gesamte ABC**. Die verschiedenen Minibücher können nach der Fertigstellung des Lapbooks zum **Üben und Nachschlagen** (z.B. bei der Einführung des Wörterbuchs) genutzt werden.

4. Möglichkeit: Mein ABC-Lapbook

Die **verschiedenen Schwerpunkte** zu den Lauten, Buchstaben und dem ABC werden miteinander kombiniert und die Ergebnisse in einem umfangreichen Lapbook über den **gesamten Leselernprozess** gesammelt.

Wie wird das Lapbook im Anfangsunterricht eingeführt?

Mit einer gut strukturierten Schritt-für-Schritt-Anleitung kann die Lapbook-Methode mit dem ABC-Lapbook eingeführt werden. Dafür bieten sich die folgenden Schritte an:

1. Präsentieren fertiger Lapbooks

Präsentieren Sie den Schülern zum Kennenlernen der Methode bereits fertige ABC-Lapbooks (von Vorgängerklassen oder ein von Ihnen gestaltetes Lapbook) zum Stöbern und Entdecken. Sollte dies nicht möglich sein, können Sie auch die Fotos dieses Materialbandes zeigen.

2. Zielorientierung

Informieren Sie Ihre Schüler darüber, dass Sie gemeinsam mit Ihnen ein ABC-Lapbook gestalten möchten. Geben Sie Hinweise zur genauen Vorgehensweise (z. B. Zeitraum, Inhalt).

3. Falten und Gestalten des Lapbook-Umschlags

Falten Sie gemeinsam mit Ihren Schülern den Lapbook-Umschlag. Dafür wählen sich die Schüler Tonkarton in ihrer Lieblingsfarbe aus.

TIPP: Wenn Sie bereits zu Schuljahresanfang mit dem ABC-Lapbook beginnen, sollten Sie für jeden Schüler einen Umschlag in Grundfaltung vorbereiten.

Füllen Sie gemeinsam mit den Schülern die Namensschilder (S. 18) aus. Die Schüler gestalten die Vorlage farbig. Die Vorlage wird anschließend auf die Titelseite des Lapbooks geklebt.

TIPP: Gestalten Sie den Lapbook-Umschlag fächerübergreifend im Kunstunterricht. Die Schüler malen und gestalten die Vorlagen für die Titelseite (S. 18) und kleben Buchstaben aus verschiedenen Materialien auf (z. B. Buchstabennudeln, Moosgummibuchstaben, ausgeschnittene Buchstaben aus Zeitschriften, mit Schablonen vorgezeichnete Buchstaben auf farbigen Tonkarton …).

4. Gemeinsames Falten und Gestalten der ersten Minibücher

Das Falten der ersten Minibücher erfolgt zunächst gemeinsam mit den Schülern als Schritt-für-Schritt-Anleitung.
Versprachlichen Sie dabei jeden einzelnen Schritt, um ihn Ihren Schülern zu erklären und ihren Wortschatz zu erweitern.

Beispiele für lapbookspezifischen Wortschatz:
Vorlage, Faltlinie, Schneidelinie, Klebefläche, Quadrat, Rechteck, zur Mitte falten, einschneiden, ausschneiden, umdrehen, kleben, aufkleben …

Besprechen Sie die genaue Aufgabenstellung für das Minibuch und lösen Sie die ersten Minibücher gemeinsam mit Ihren Schülern.

TIPP: Falls Sie Schüler mit Schwierigkeiten in der visuellen Wahrnehmung und Feinmotorik haben:
- Schneidelinie vor dem Ausschneiden mit Fingern nachfahren lassen und ggf. farbig nachspuren
- Vorlagen auf dickes Papier kopieren (100 g/m²)
- Lineal an Faltlinie anlegen und über Kante falten

5. (Selbstständiges) Arbeiten an den Minibüchern

Durch die wiederkehrenden Faltungen und Aufgabenstellungen können die Schüler sehr schnell die nächsten Minibücher selbstständig falten und in-haltlich gestalten.

Diesen Prozess können Sie unterstützen, indem Sie den Kindern alle möglichen Minibücher fertig gefaltet als Muster zum Nachbasteln zur Verfügung stellen. Die Schüler schauen sich zur Wiederholung die fertigen Minibücher an und erzählen die Reihenfolge der Vorgehensweise nach.

Nach der Fertigstellung eines Minibuches wird es in das Lapbook geklebt.

Damit die Schüler einen Überblick über die bearbeiteten Minibücher bekommen und behalten, spuren die Schüler die bearbeiteten Laute bzw. Buchstaben auf dem **Buchstaben-Plan** (S. 21) nach.

6. Präsentation

Fertige Lapbooks können unterschiedlich präsentiert werden. Die ABC-Lapbooks können z. B. ...

- im Klassenzimmer ausgelegt und von den Schülern betrachtet,
- von den Schülern mithilfe von Impulsfragen kurz vorgestellt (Was gefällt mir an meinem Lapbook besonders gut? Was hat mir Spaß gemacht? Was ist mir schwergefallen?),
- zum Buchstabenfest/Elternabend den Eltern vorgestellt werden.

7. Leistungseinschätzung

Auch wenn im Anfangsunterricht (meist) keine Noten gegeben werden, bietet sich für das ABC-Lapbook eine prozess- und ergebnisorientierte Leistungseinschätzung an, um den Schülern eine Rückmeldung zu ihrer Lapbook-Arbeit zu geben. Folgende **Kriterien** können Sie dabei berücksichtigen:

- Arbeitsverhalten während der Gestaltung
- Gestaltung (schneiden, falten, kleben, malen) des Lapbooks
- inhaltliche Erarbeitung (Laute hören und erkennen, Buchstaben erkennen, nachspuren und schreiben, erste Wörter schreiben, ABC sortieren)

Die ABC-Urkunde (S. 20) greift diese Kriterien in Form von selbsterklärenden Bildern für die Schüler auf. Sie wird jedem Schüler nach Beendigung der Lapbook-Arbeit übergeben und kann aufgerollt mit ins Lapbook geklebt werden.

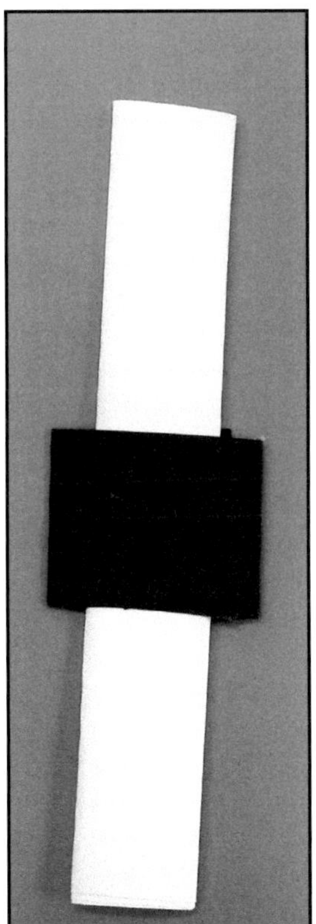

Um die Schüler ebenfalls dazu anzuregen, ihren eigenen Lernprozess zu reflektieren und ihr Lapbook einzuschätzen, können Sie den Bogen zur Selbstreflexion „Mein ABC-Lapbook" (S. 19) anbieten. Durch erklärende Bilder kann dieser auch ohne Lesekenntnisse von den Schülern selbstständig ausgefüllt werden.

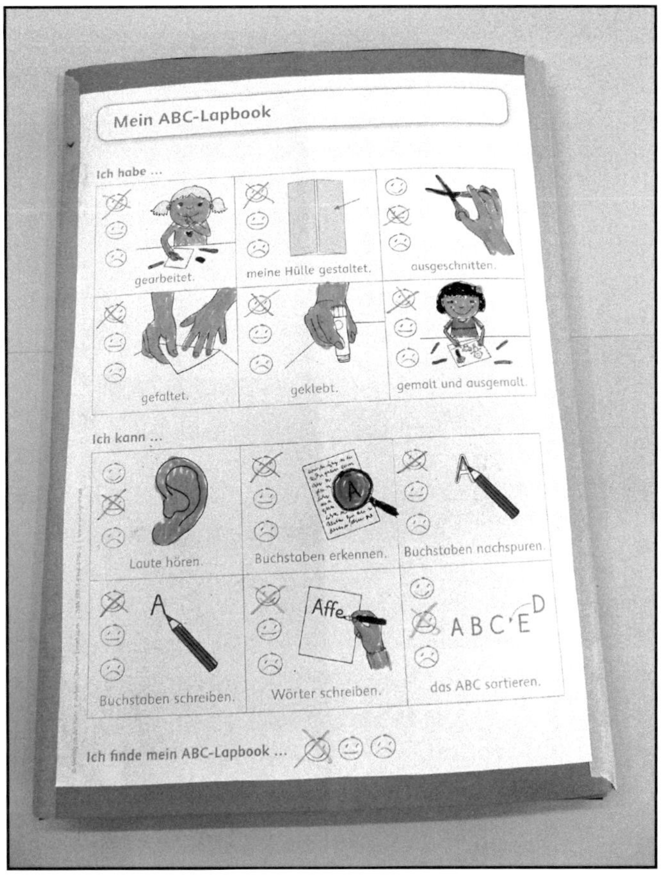

8. Einsatz des Lapbooks im Unterricht

Je nach Schwerpunktsetzung des Lapbooks kann es nach der Fertigstellung immer wieder im Unterricht zum Nachschlagen, Üben und Schreiben eingesetzt werden. Dazu werden die Lapbooks z.B. in eine dickere Prospekthülle gesteckt und im Hefter eingeheftet.

Fotos: © Doreen Blumenhagen

Übersicht der Kopiervorlagen

Allgemeine Vorlagen

Material	Beschreibung	Verwendungsmöglichkeiten	Benötigtes Zusatzmaterial
Symbole (S. 16)	Erklärung der Symbole auf den Kopiervorlagen	✔ Aushang im Klassenzimmer ✔ Erklärung zu Beginn der Arbeit	
Faltanleitung Lapbook (S. 17)	Illustrierte Anleitung zum Falten eines einfachen Umschlages für ein Lapbook	✔ Kopien für die Schülerhand ✔ Gemeinsames Falten beim erstmaligen Gestalten eines Lapbooks	für jeden Schüler: ♦ mind. ein farbiger DIN-A3-Karton ♦ ein farbiges DIN-A4-Blatt
Deckblatt (S. 18)	Vorlagen für das Deckblatt mit Titel, Name, Klasse, Fach und Datum	✔ Kopien für die Schülerhand ✔ Vorlage als Beispiel	
Mein ABC-Lapbook (S. 19)	Einschätzung ihres eigenen Lernprozesses durch die Schüler während der Erstellung bzw. nach Fertigstellung des Lapbooks	✔ Kopien für die Schülerhand ✔ Schüler schätzen ihre Lapbook-arbeit mit Smileys ein **Tipp:** Auf Lapbook-Rückseite kleben lassen!	
ABC-Urkunde (S. 20)	Urkunde mit Kriterien zur prozess- und ergebnisorientierten Leistungseinschätzung	Nach Fertigstellung der Schülerlapbooks für jeden Schüler ankreuzen **Tipp:** Urkunde „rollen", im Lapbook kleine „Lasche" anbringen und Urkunde hineinstecken oder mit Faden befestigen	♦ Tonkartonreste ♦ Faden
Mein Buchstaben-Plan (S. 21)	Übersichtsplan über die bereits bearbeiteten Anlautklappen oder Buchstabenbücher	✔ Einsetzbar für die Erarbeitung des Anlaut- oder Buchstaben-Lapbooks ✔ Die Vorlage auf die Titelseite oder eine Seitenklappe kleben ✔ Die Schüler spuren bereits bearbeitete Buchstabenbücher bzw. Anlautklappen farbig nach	

Faltvorlagen für alle Anlaute

Faltvorlage	Inhaltliche Schwerpunkte	Hinweise	Zusatzmaterial (Lehrer)
Lautklappen:	✔ Anlautbildern den richtigen Buchstaben zuordnen ✔ Buchstaben nachspuren		
– Anleitung (S. 22)	Bild-Anleitung zum Falten und Bearbeiten der Lautklappen	✔ Für Einführung oder selbstständige Weiterarbeit der Schüler ✔ Wortschatzarbeit: Schüler zu Bildern sprechen lassen („zuerst, dann, jetzt muss ich …"	evtl. Beamer/OHP

Faltvorlage	Inhaltliche Schwerpunkte	Hinweise	Zusatzmaterial (Lehrer)
		✔ Für selbstständige Weiterarbeit visualisieren (z.B. vergrößert als Tafelbild, einzelne Schritte als Tafelkarten gestalten, Beamer/OHP), Aushang im Klassenzimmer oder als Kopie für die Schülerhand **Tipp:** Schüler haken gemachte Arbeitsschritte immer mit Bleistift ab.	
– **Selbstlaute** (S. 23) – **Umlaute und Zwielaute** (S. 24) – **Mitlaute** (S. 25–28)		**Tipp:** Kopieren Sie die Vorlagen für Selbstlaute, Umlaute und Zwielaute auf farbiges Papier, um die besondere Bedeutung der Laute optisch hervorzuheben.	farbiges Kopierpapier
– **Bauplan** (S. 29/30)		Der Bauplan erleichtert das Aufkleben der Anlautbücher: ✔ S. 29 und S. 30 auf farbiges Papier kopieren ✔ Bauplan (Außenklappen) in die beiden Seitenklappen und Bauplan (Mitte) in die Mitte des Lapbooks kleben lassen	farbiges Kopierpapier
Lautfisch (S. 31)	An-, In- und Auslaute bestimmen	Nach dem Ausmalen die Fisch-Vorlage ausschneiden, evtl. Löcher für die Finger bereits einschneiden/einstechen **Tipp:** Fisch im Unterricht zur Lautlokalisation einsetzen: Schüler stecken Finger durch den entsprechenden Kreis. Dadurch können Sie sich die Lösung der Kinder im Plenum zeigen lassen! Anlaut = Kopf Inlaut = Bauch Auslaut = Schwanzflosse	Karton oder Laminierfolie
Meine ersten Wörter (S. 32/33)	✔ S. 32: Einfache lautgetreue Wörter mithilfe der Anlauttabelle schreiben ✔ S. 33: Wörter mit Zwielauten und Doppelmitlauten mithilfe der Anlauttabelle schreiben	✔ Anlauttabelle zum Lautieren der Bilder einsetzen ✔ (S. 33) als Zusatzaufgabe für leistungsstärkere Schüler einsetzen: Die Seiten werden mit der Vorlage „Meine ersten Wörter (1)" zusammengeheftet.	
	✔ Eigene zusätzliche Bilder ausschneiden bzw. malen und Wörter schreiben	✔ Auf die leeren Rückseiten des Minibuches kleben oder malen die Schüler eigene Bilder und schreiben dazu die Wörter.	Prospekte, Kataloge, Zeitschriften mit kleinen Bildern/Fotos

Faltvorlagen zu einzelnen Buchstaben/Anlauten

Faltvorlage	Inhaltliche Schwerpunkte	Hinweise	Zusatzmaterial (Lehrer)
Buchstaben-bücher basteln – Ankreuzliste 1 und 2 (S. 34 und 50)	Bildanleitung zum Falten und Bearbeiten der Buchstabenbücher mit Vorschlägen zur sinnorientierten Gestaltung für jeden Buchstaben	✔ Vorgehen und Gestaltung bei den ersten Buchstaben gemeinsam erarbeiten und durchführen ✔ Ankreuzliste als Kopie für die Schülerhand, Aushang oder Folie für die selbstständige Weiterarbeit der Schüler nutzen ✔ Zuvor Wortschatzarbeit: Schüler zu Bildern sprechen lassen („Erst ..., dann ..., Ich muss ...") ✔ Durch Ankreuzen der Aufgaben für die Schüler individualisieren oder variieren **1. Buchstabengestaltung:** ✔ Immer auf Schreibrichtung achten (z.B. Wollfäden, Pfeifenputzer in Schreibrichtung legen, auch beim Kleben ...) ✔ Für das Bestreuen mit Sand kleinen Karton bereitstellen: Die Schüler kleben den Buchstaben ein, legen das Buch in den Karton und bestreuen ihn mit Sand (für den besseren Halt mit Haarspray besprühen). ✔ Zum Nachstechen legen die Schüler ein Papiertaschentuch unter den Buchstaben und stechen kleine Löcher in Schreibrichtung mit einem Zahnstocher. Evtl. Buchstaben zuvor einmal mit Bleistift nachspuren. ✔ Beim Nachspuren des Buchstabens am Startpunkt jedes Mal einen neuen Buntstift nehmen, um Schreibfluss zu unterbrechen.	♦ evtl. Beamer/ OHP ♦ feiner Dekosand ♦ Wolle ♦ Reispapier ♦ Pfeifenputzer ♦ Zahnstocher ♦ Zeitung ♦ Prospekte ♦ Stempel ♦ Broschüren ♦ Karton ♦ Papiertaschentücher ♦ evtl. Haarspray
Vorlagen Buchstaben-bücher: **– Selbstlaute und Umlaute** (S. 35–38) **– Mitlaute** (S. 39–49)	✔ Buchstabenbuch zu jedem Buchstaben des ABC gestalten ✔ Groß- und Kleinbuchstabe nachspuren und schreiben	**Tipp:** Kopieren Sie die Vorlagen für Selbstlaute und Umlaute auf farbiges Papier, um die besondere Bedeutung der Laute optisch hervorzuheben.	farbiges Kopier-papier
Vorlagen Buchstaben-bücher: **– Zwielaute** (S. 51/52) **– Mehrfache Mitlaute** (S. 53–55)	✔ Buchstabenbuch zu den Zwielauten und mehrfachen Mitlauten gestalten ✔ 1 Laut = mehrere Buchstaben ✔ Wörter mit Lauten schreiben, Laute markieren ✔ passende Lautwörter aufkleben	**Tipp:** Kopieren Sie die Vorlagen für Zwielaute und mehrfache Mitlaute auf farbigen Papier, um die besondere Bedeutung der Laute optisch hervorzuheben.	♦ farbiges Kopier-papier ♦ Prospekte ♦ Kataloge

Faltvorlagen zum gesamten ABC

Faltvorlage	Inhaltliche Schwerpunkte	Hinweise	Zusatzmaterial (Lehrer)
Schreibheft-Tasche (S. 56)	In dieser Sammeltasche können ein DIN-A5-Schreibheft oder geheftete DIN-A5-Schreibblätter zum Bestandteil des Lapbooks werden.	Faltvorlage für besseren Halt auf dickeres Kopierpapier kopieren **Tipp:** Die Tasche auf die Rückseite des Lapbooks kleben!	♦ dickes Kopierpapier (z.B. 100 g/m²) ♦ Schreibhefte oder Schreibblätter in DIN A5 ♦ Heftgerät
ABC-Drehspiel (S. 57)	Drehscheibe für Spiel zu Anlauten und Buchstaben: ✔ Dinge mit Anlaut finden ✔ Buchstabe legen ✔ Buchstabe schreiben ✔ Gegenstand mit gesuchtem Anlaut im Klassenzimmer finden und sagen	**Tipp:** Der Drehkreis kann auch für weitere ABC-Spiele (z.B. Stadt-Name-Land) genutzt werden.	♦ Musterbeutelklammer ♦ große Büroklammer ♦ Muggelsteine
Groß- und Kleinbuchstaben-Puzzle (S. 58/59)	Groß- und Kleinbuchstaben als Puzzlespiel zuordnen	✔ Puzzle-Karten in der Tasche (S. 59) aufbewahren ✔ Das Puzzle kann immer wieder zur Wiederholung eingesetzt werden.	
Mein ABC-Leporello (S. 59/60)	Gesamtes Alphabet in der richtigen Reihenfolge schreiben, Selbstlaute und Mitlaute mit verschiedenen Farben markieren (rot/blau)	ABC-Leporello als Hilfsmittel zum Sortieren von Wörtern nach dem ABC oder zur Einführung des Wörterbuches einsetzen	
ABC-Lied (S. 61)	Fehlende Buchstaben im Lücken-ABC ergänzen, ABC-Lied auswendig lernen	✔ ABC-Lied gemeinsam mit den Schülern singen bzw. anhören: ABC-Lied unter www.kinderlieder-zummitsingen.de/das-abc-lied/ ✔ Vorlagen in der Reihenfolge des ABC mithilfe der Musterbeutelklammer (durch die Pappe des Faltbuches stecken) fixieren	♦ Musterbeutelklammer ♦ evtl. Gitarre
Mein ABC (S. 62)	Zu einem Oberbegriff zu jedem Buchstaben des Alphabets ein Wort finden, z.B. Tiere, Gegenstände ...		
Buchstabensuppe (S. 63)	✔ Wörter mit Buchstabenkarten legen ✔ Buchstaben nach dem ABC sortieren	**Tipp:** In Kombination mit der Vorlage „Meine ersten Wörter" (S. 32/33) einsetzen: Die Schüler legen erst die Wörter, bevor sie sie in das Heft schreiben.	
Mein Lieblingsbuchstabe (S. 64)	Den eigenen Lieblingsbuchstaben vielfältig gestalten und präsentieren	Kann zu Beginn der Buchstabenerarbeitung als Einstieg oder zum Ende als Abschluss der Einheit eingesetzt werden	evtl. Prospekte, Kataloge zum Ausschneiden

Materialhinweis: Für das ABC-Lapbook benötigt jeder Schüler einen A3-Tonkarton für einen Lapbook-Umschlag in Grundfaltung.

Mögliche Gestaltung der Buchstabenbücher (S. 34–55)

… mit einem Zahnstocher nachgestochen.

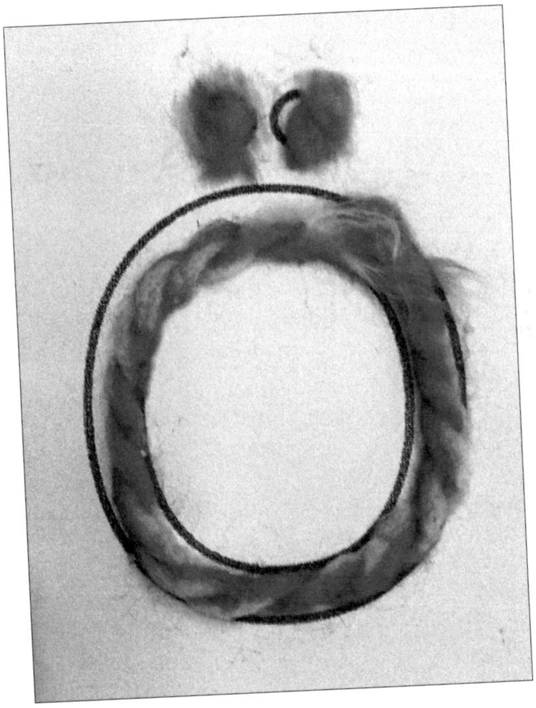

… mit Wolle beklebt.

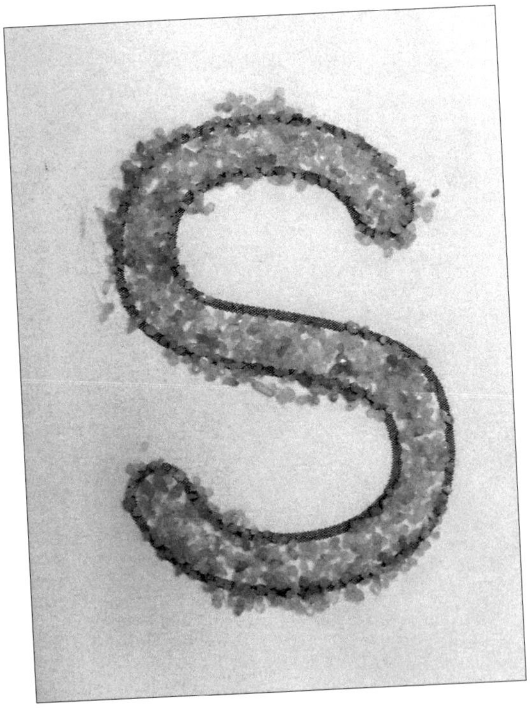

… mit Sand beklebt.

… mit Stiften nachgespurt.

Kopiervorlagen

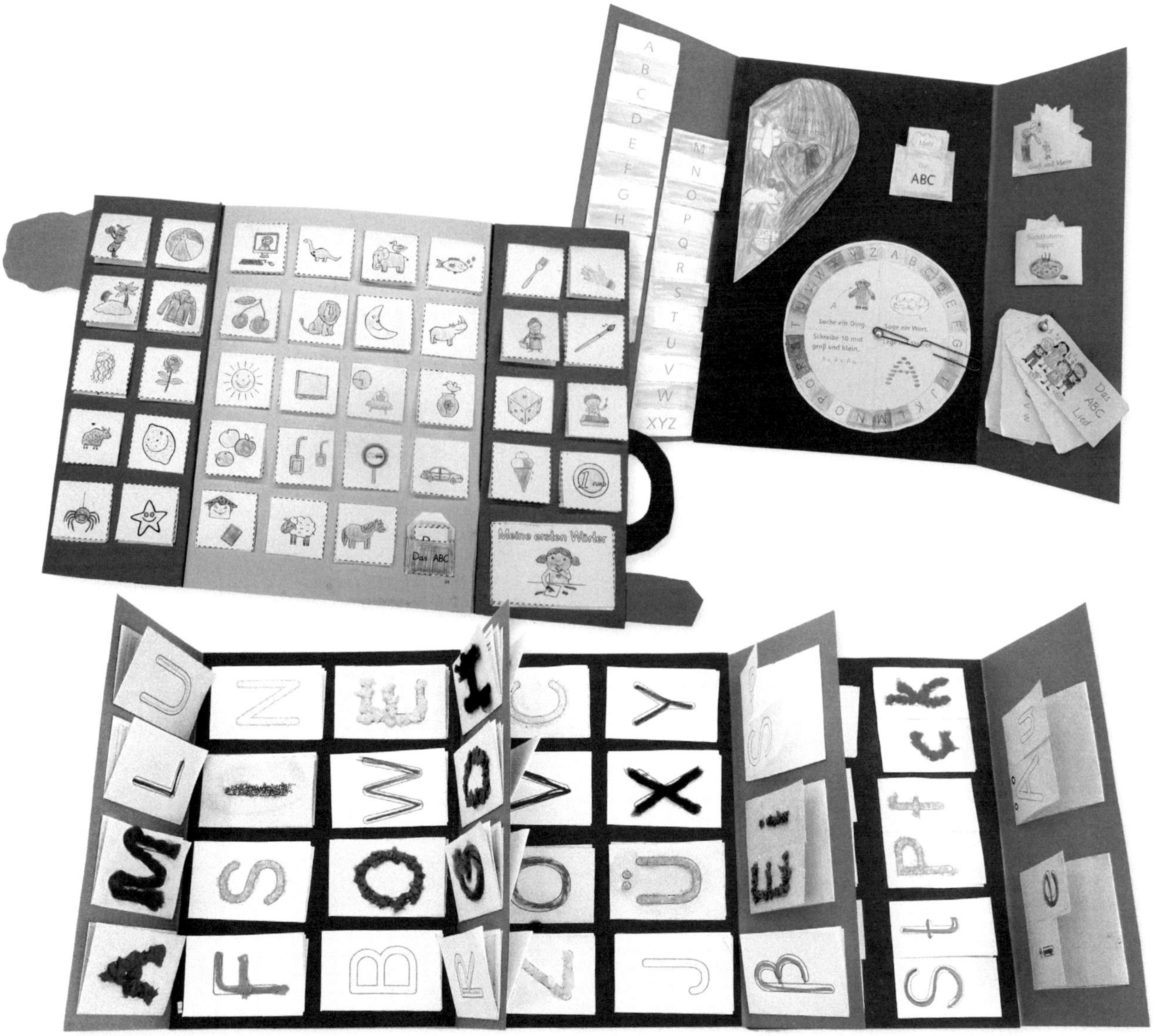

Symbole

Diese Symbole findest du auf den Materialien.
Sie bedeuten:

Minibuch-Vorlagen:

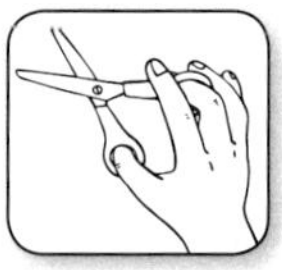

Schneide die Vorlage aus.

Falte sie nach der Anleitung.

Klebe die Vorlage zusammen.

Klebefläche

Diese Fläche kommt direkt auf deine Lapbook-Vorlage.

Laute hören

Buchstaben kennenlernen

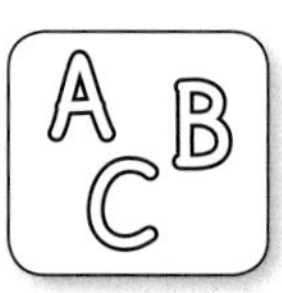

Das ABC kennenlernen

Viel Spaß!

Faltanleitung Lapbook

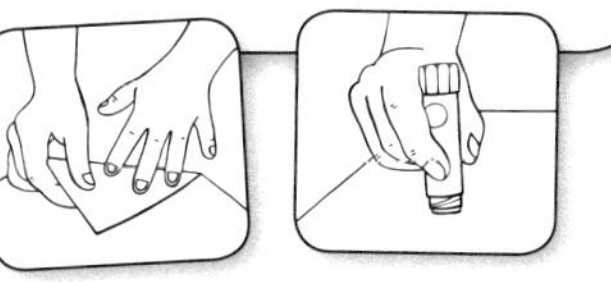

Du brauchst:

- 1 farbigen A3-Tonkarton
- 1 farbiges A4-Kopierpapier
- Klebeband
- Tonkartonreste
- Kleber
- Schere

① Falte den A3-Tonkarton in der Mitte.

② Öffne den Tonkarton wieder. Falte nun beide Seiten zur Mitte.

③ Klebe ein farbiges A4-Kopierpapier in die Mitte.

④ Wenn du mehr Platz benötigst, klebst du mit Klebeband weitere Klappen an.

⑤ Du kannst auch mehrere Lapbooks an den Seitenklappen aneinanderkleben.

①
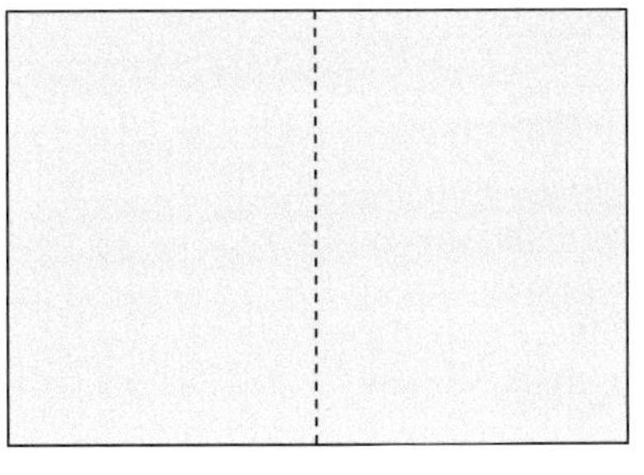

②
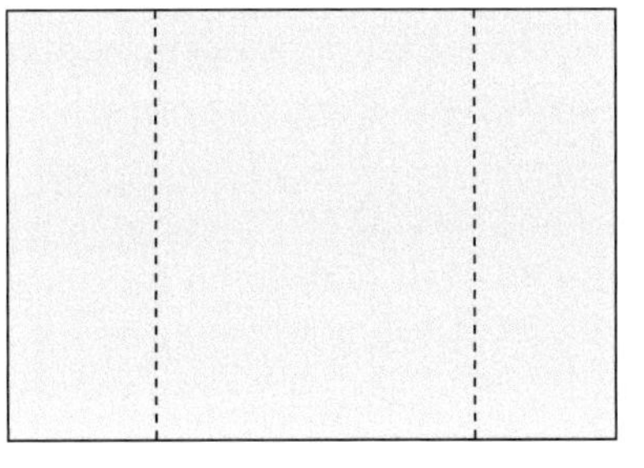

③
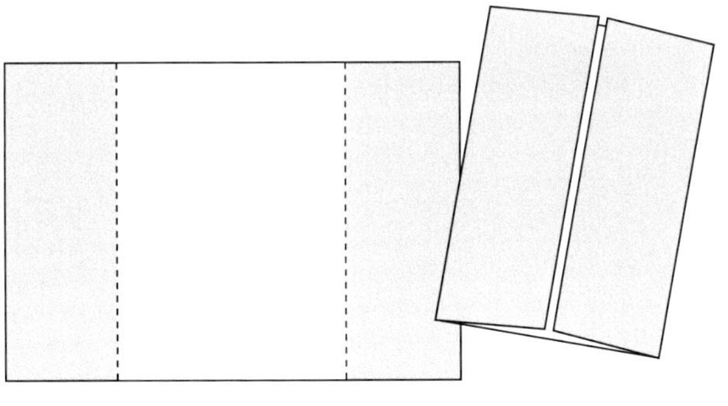

④
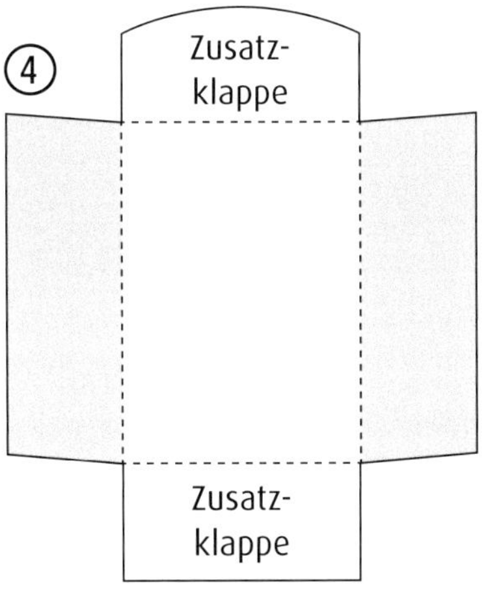

⑤
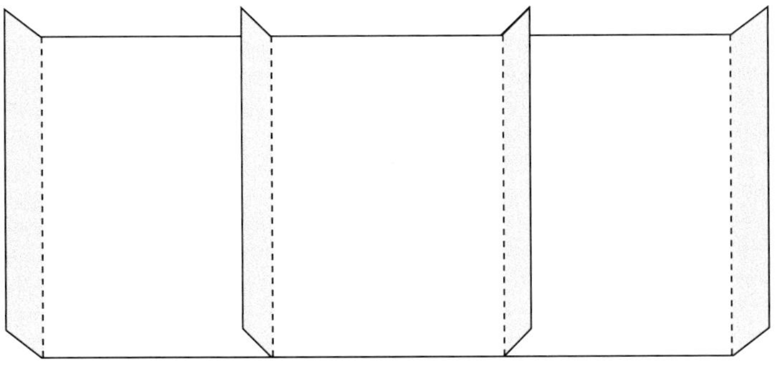

Deckblatt

© Anja Boretzki

© Anja Boretzki

Deutsch

Name: ....

Klasse: ....

Datum: ....

Mein ABC-Lapbook

Mein ABC-Lapbook

Ich habe …

 gearbeitet.	 meine Hülle gestaltet.	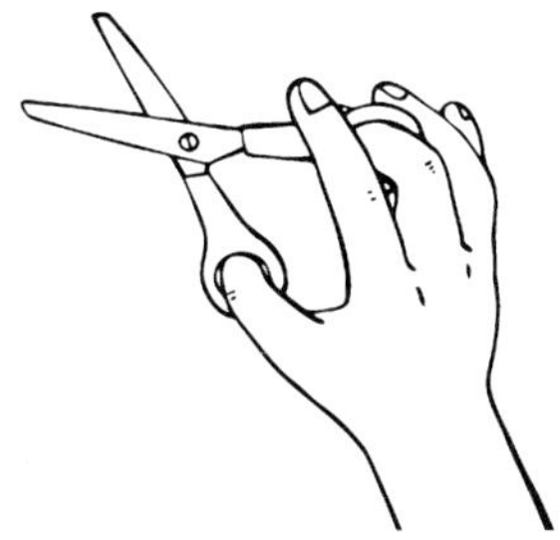 ausgeschnitten.
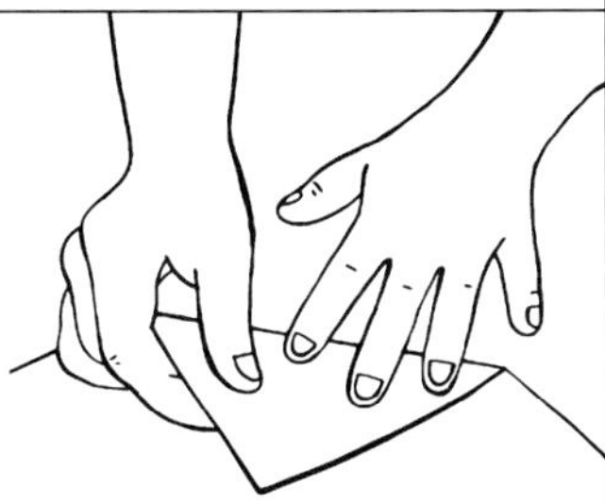 gefaltet.	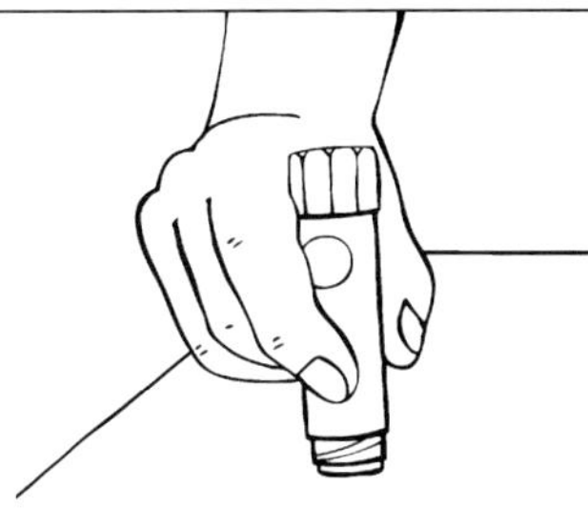 geklebt.	 gemalt und ausgemalt.

Ich kann …

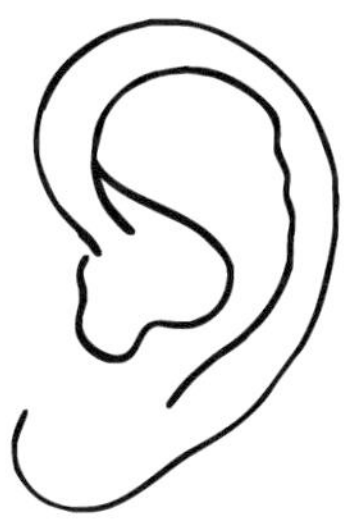 Laute hören.	 Buchstaben erkennen.	 Buchstaben nachspuren.
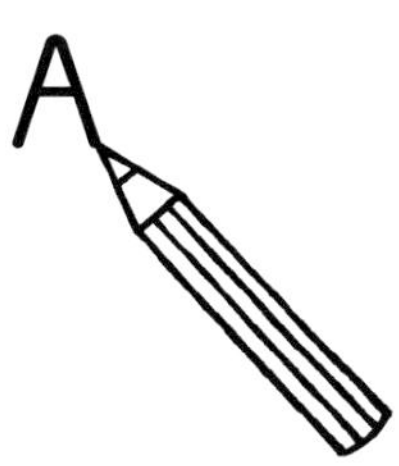 Buchstaben schreiben.	 Wörter schreiben.	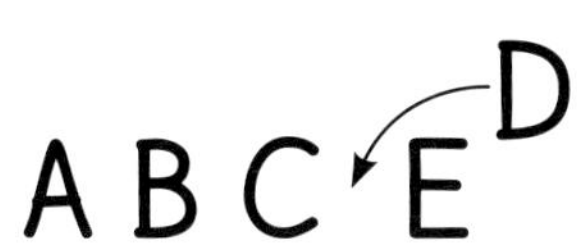 das ABC sortieren.

Ich finde mein ABC-Lapbook …

ABC-Urkunde

Du hast …

gearbeitet.

deine Hülle gestaltet.

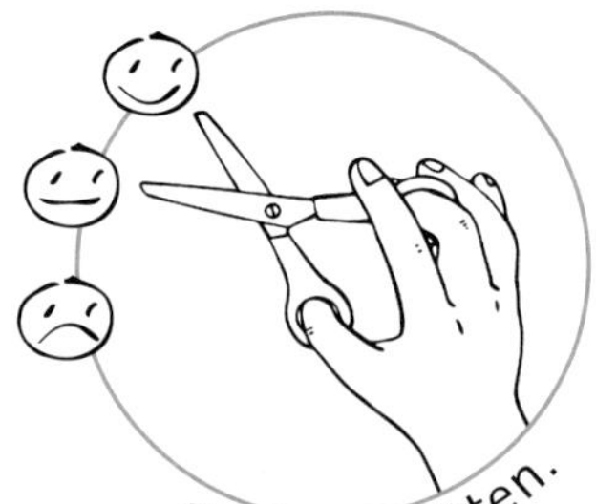

ausgeschnitten.

gefaltet.

geklebt.

gemalt und ausgemalt.

Du kannst …

Laute hören.

Buchstaben erkennen.

Buchstaben nachspuren.

Buchstaben schreiben.

Wörter schreiben.

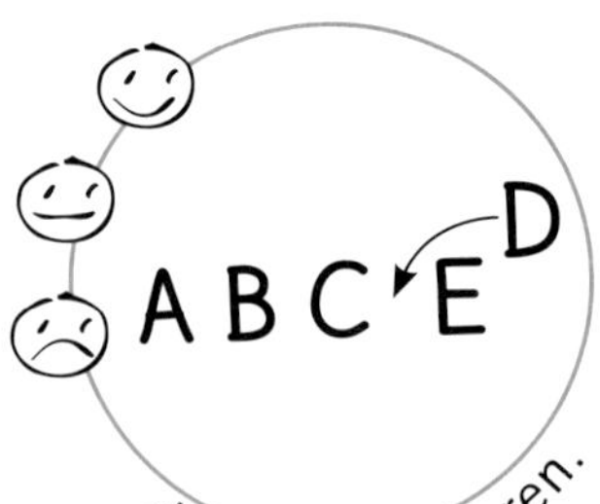

das ABC sortieren.

Ich finde dein ABC-Lapbook … ☺ 😐 ☹

Diesen Tipp habe ich für dich:

....

Datum, Unterschrift des Lehrers

© Verlag an der Ruhr | Autorin: Doreen Blumhagen | Illustrationen: Anja Boretzki | ISBN 978-3-8346-3792-5 | www.verlagruhr.de

Mein Buchstaben-Plan

Diese Buchstaben und Laute kenne ich schon:

Aa Bb Cc Dd

Ee Ff Gg Hh

Ii Jj Kk Ll

Mm Nn Oo

Pp Qu qu Rr

Ss Tt Uu Vv

Ww Xx Yy

Zz Ää Öö

Üü Au au Ei ei

Eu eu ie Pf pf

Ch ch ß St st

Sp sp Sch sch

ck

① Schneide die Vorlage aus.

② Klebe sie auf die Klappe.

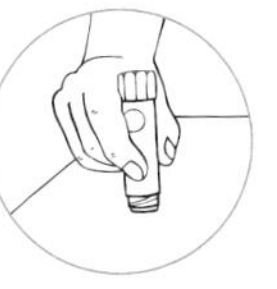

③ Spure die Buchstaben nach, die du bearbeitet hast.

© Verlag an der Ruhr | Autorin: Doreen Blumhagen | Illustrationen: Anja Boretzki | ISBN 978-3-8346-3792-5 | www.verlagruhr.de

Lautklappen – Anleitung

① Finde den Anlaut zum Bild.

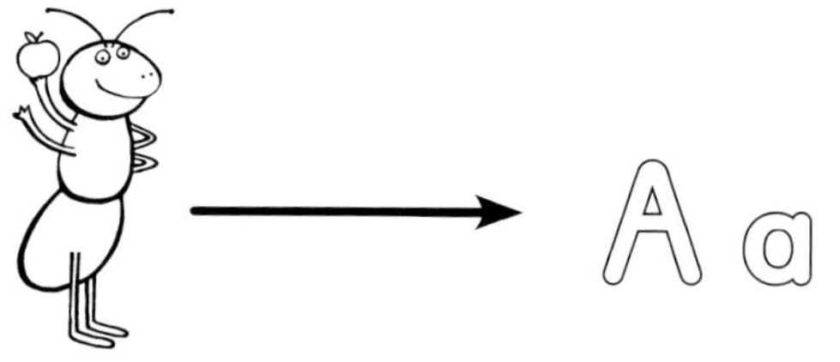

② Klebe den Buchstaben in die Klappe.

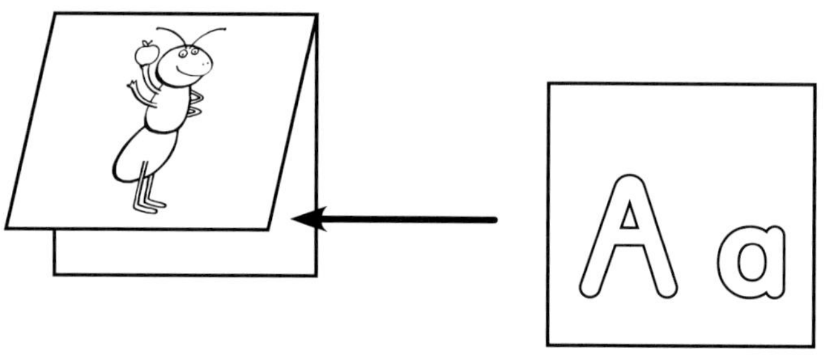

③ Male das Bild aus.

④ Spure nach.

Lautklappen – Selbstlaute

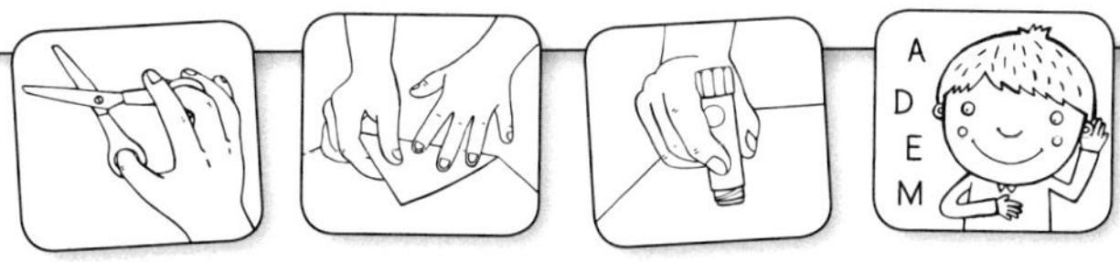

Klebefläche

Klebefläche

Klebefläche

Klebefläche

© Anja Boretzki

© Anja Boretzki

© Anja Boretzki

© Anja Boretzki

Klebefläche

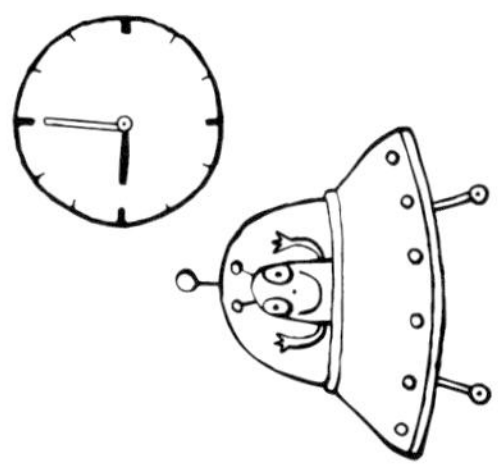

© Anja Boretzki

Aa Ee Ii Oo

Uu

© Verlag an der Ruhr | Autorin: Doreen Blumhagen | Illustrationen: Anja Boretzki | ISBN 978-3-8346-3792-5 | www.verlagruhr.de

Lautklappen – Umlaute und Zwielaute

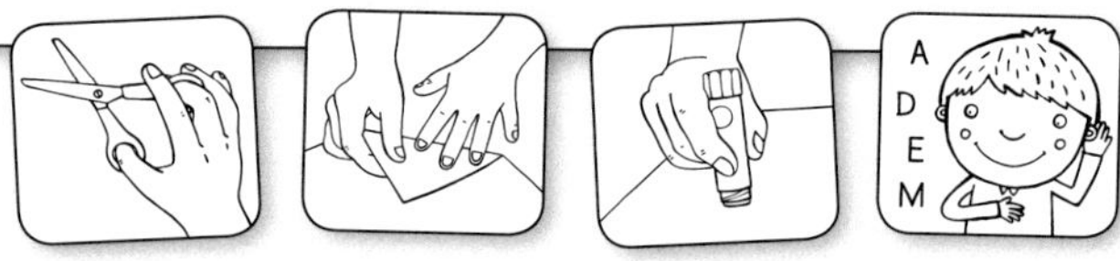

Klebefläche | Klebefläche | Klebefläche | Klebefläche

© Anja Boretzki

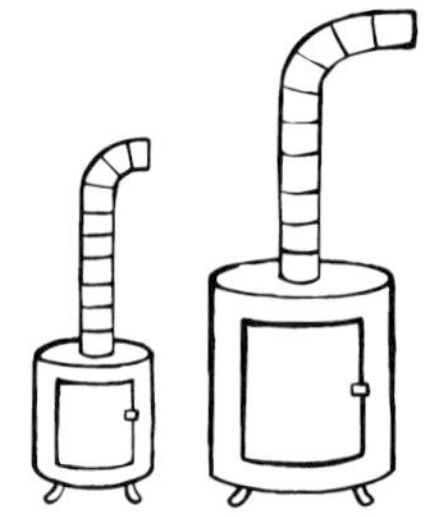
© Anja Boretzki

© Anja Boretzki

© Anja Boretzki

Klebefläche

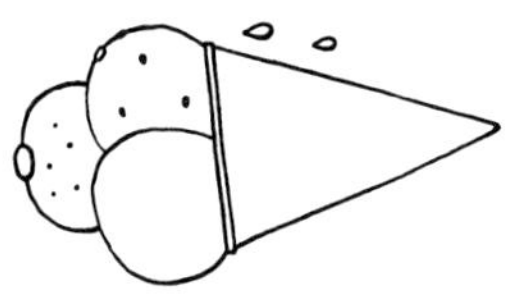
© Anja Boretzki

Klebefläche

© Anja Boretzki

Ä ä

Ö ö

Ü ü

Au au

Ei ei

Eu eu

Lautklappen – Mitlaute (1)

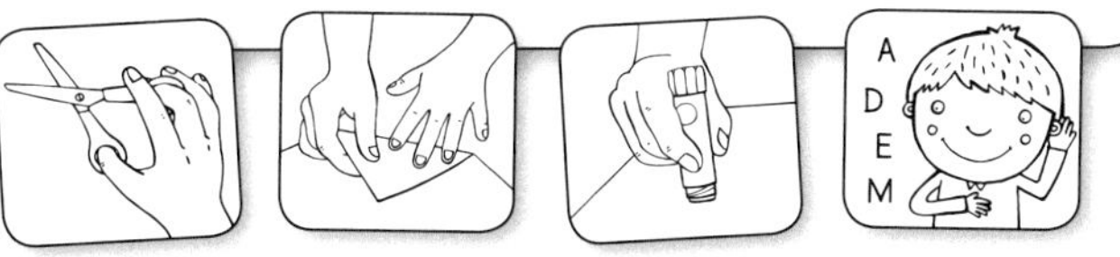

Klebefläche

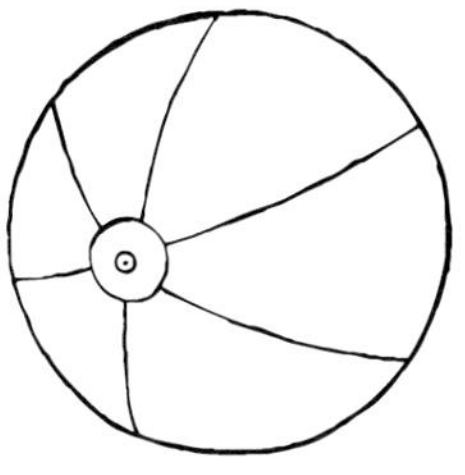

© Anja Boretzki

Klebefläche

© Anja Boretzki

Klebefläche

© Anja Boretzki

Klebefläche

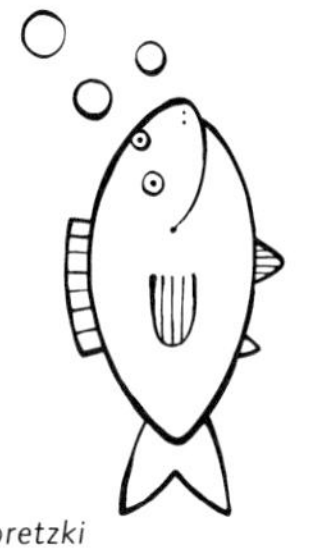

© Anja Boretzki

Klebefläche

© Anja Boretzki

Klebefläche

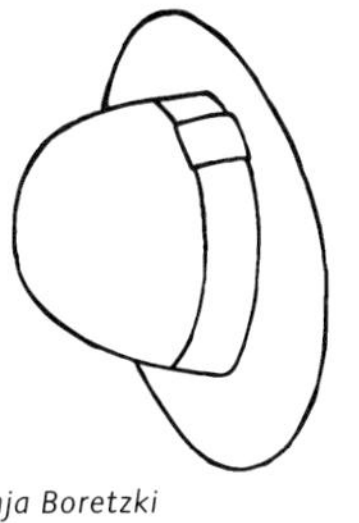

© Anja Boretzki

Klebefläche

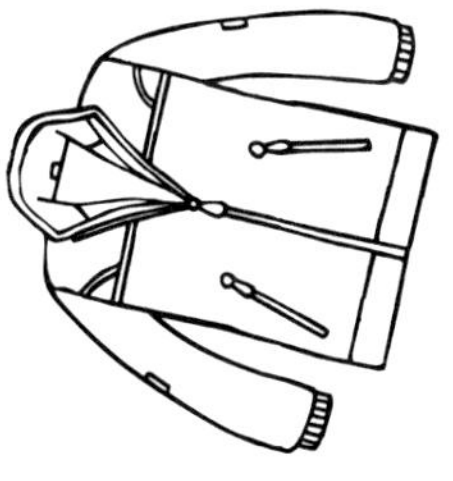

© Anja Boretzki

Klebefläche

© Anja Boretzki

Klebefläche

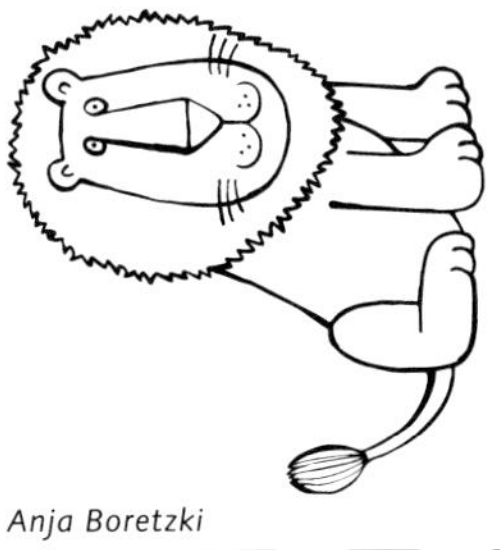

© Anja Boretzki

Klebefläche

© Anja Boretzki

Lautklappen – Mitlaute (2)

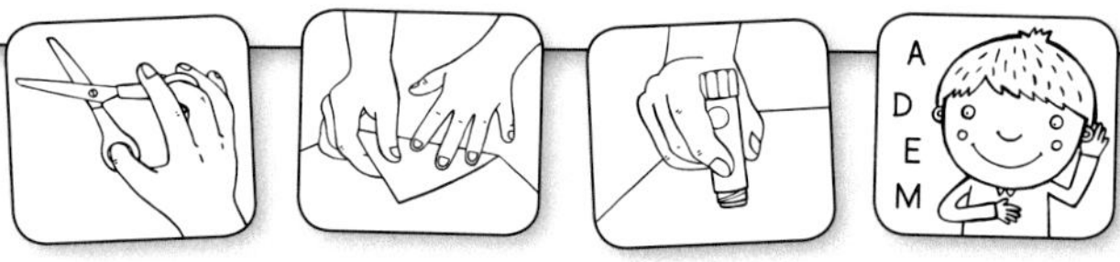

Klebefläche

© Anja Boretzki

Klebefläche

© Anja Boretzki

Klebefläche

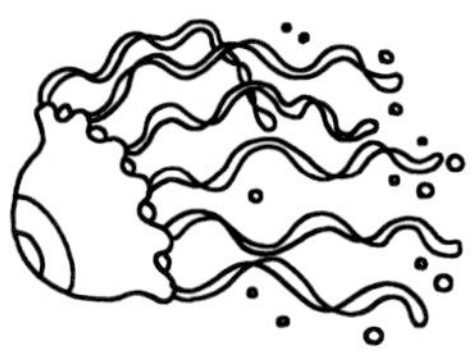

© Anja Boretzki

Klebefläche

© Anja Boretzki

Klebefläche

© Anja Boretzki

Klebefläche

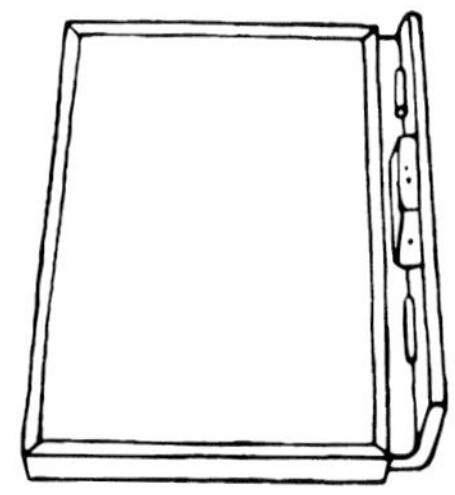

© Anja Boretzki

Klebefläche

© Anja Boretzki

Klebefläche

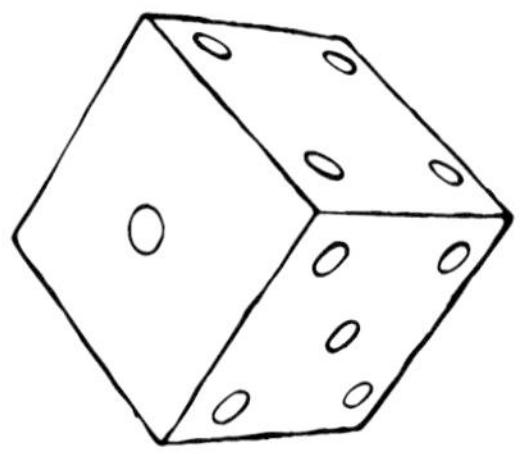

© Anja Boretzki

Klebefläche

© Anja Boretzki

Klebefläche

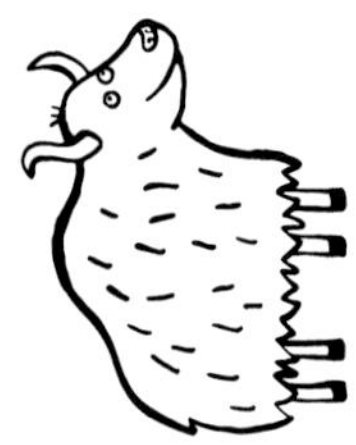

© Anja Boretzki

Lautklappen – Mitlaute (3)

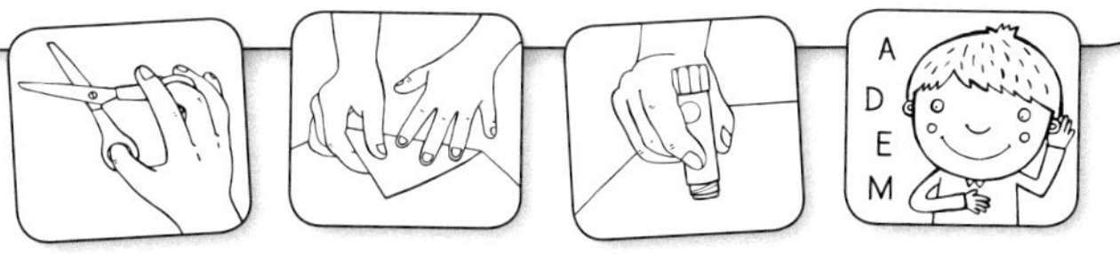

Klebefläche	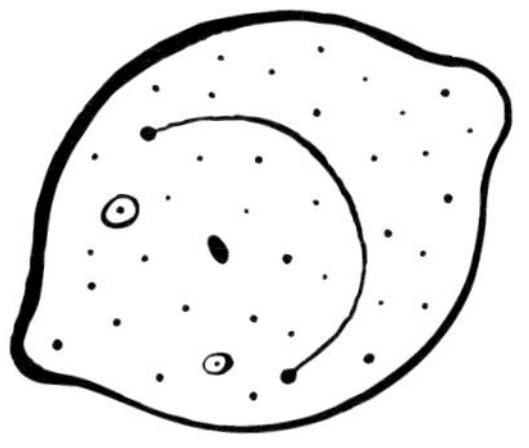 © Anja Boretzki	Klebefläche	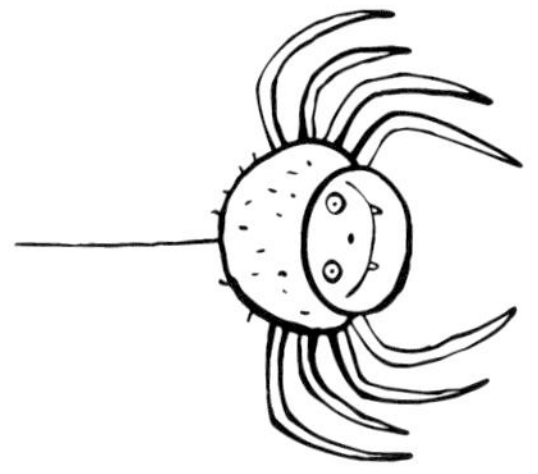 © Anja Boretzki
Klebefläche	 © Anja Boretzki	Klebefläche	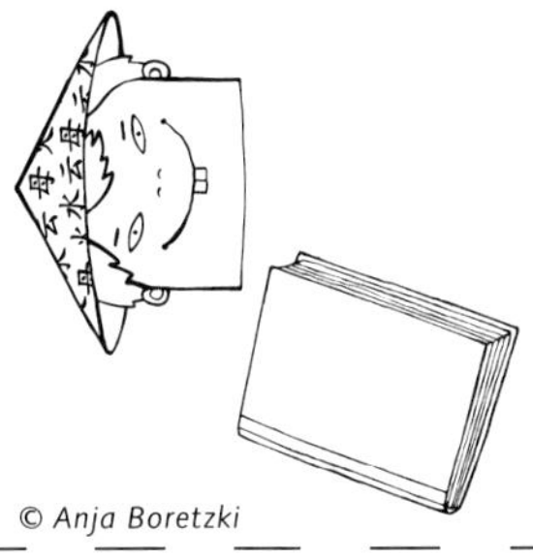 © Anja Boretzki
Klebefläche	 © Anja Boretzki	Klebefläche	 © Anja Boretzki

B b	C c	D d	F f
G g	H h	J j	K k

© Verlag an der Ruhr | Autorin: Doreen Blumhagen | Illustrationen: Anja Boretzki | ISBN 978-3-8346-3792-5 | www.verlagruhr.de

Lautklappen – Mitlaute (4)

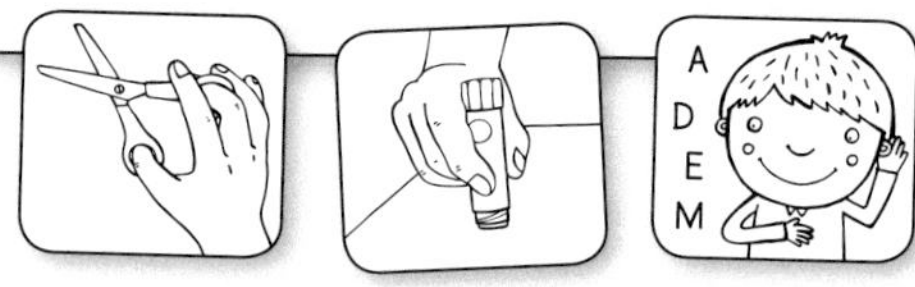

L l	M m	N n	P p
Qu qu	R r	S s	T t
V v	W w	X x	Y y
Z z	Sp sp	St st	Ch ch
Sch sch	Pf pf		

Lautklappen – Bauplan (Mitte)

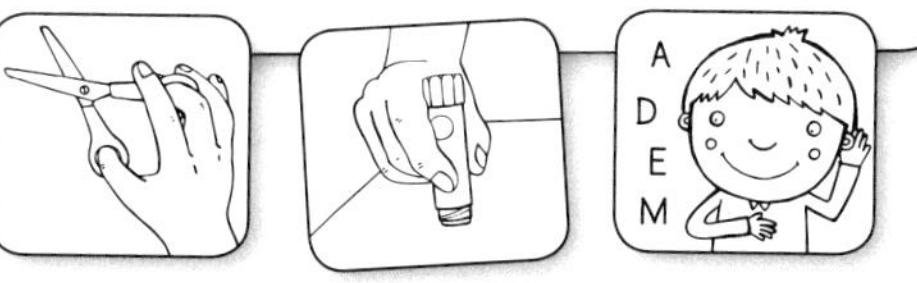

Klebefläche	Klebefläche	Klebefläche	Klebefläche
Klebefläche	Klebefläche	Klebefläche	Klebefläche
Klebefläche	Klebefläche	Klebefläche	Klebefläche
Klebefläche	Klebefläche	Klebefläche	Klebefläche
Klebefläche	Klebefläche	Klebefläche	Klebefläche

Lautklappen – Bauplan (Außenklappen)

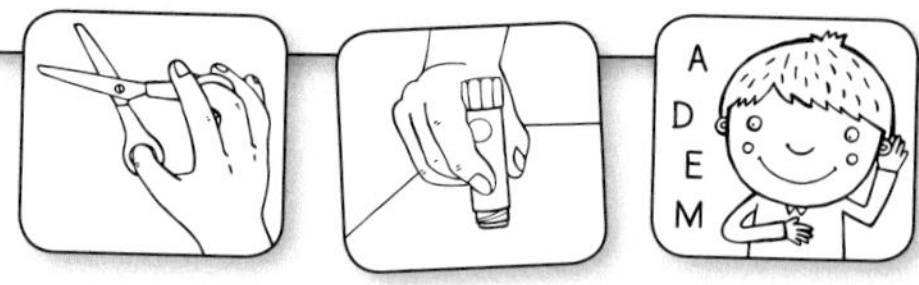

Klebefläche | Klebefläche | Klebefläche | Klebefläche

Klebefläche | Klebefläche | Klebefläche | Klebefläche

Klebefläche | Klebefläche | Klebefläche | Klebefläche

Klebefläche | Klebefläche | Klebefläche | Klebefläche

Klebefläche | Klebefläche

Lautfisch

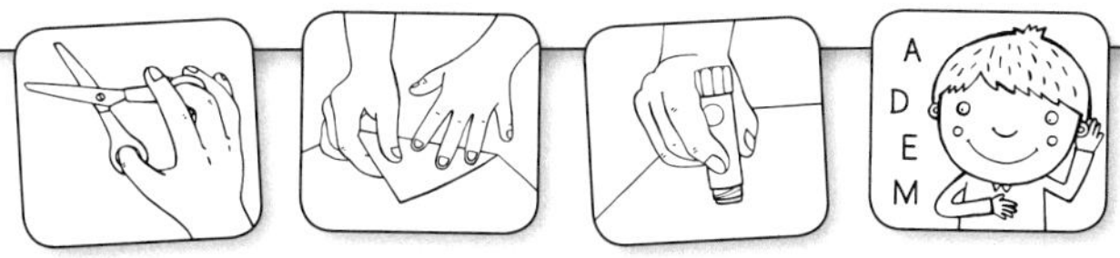

① Schneide die Vorlagen und die grauen Löcher aus.

② Wo hörst du den Laut?
Zeige mit dem Lautfisch.

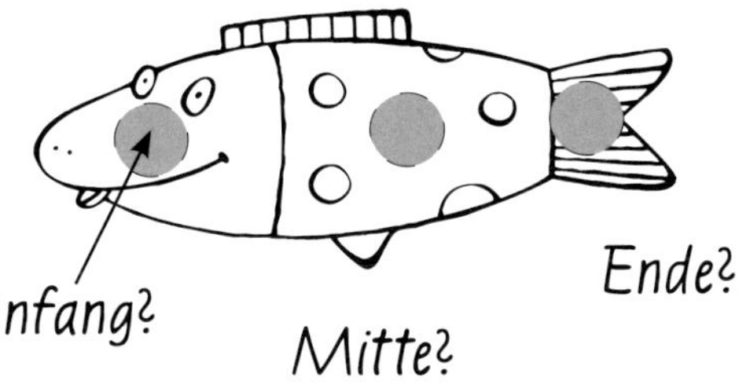

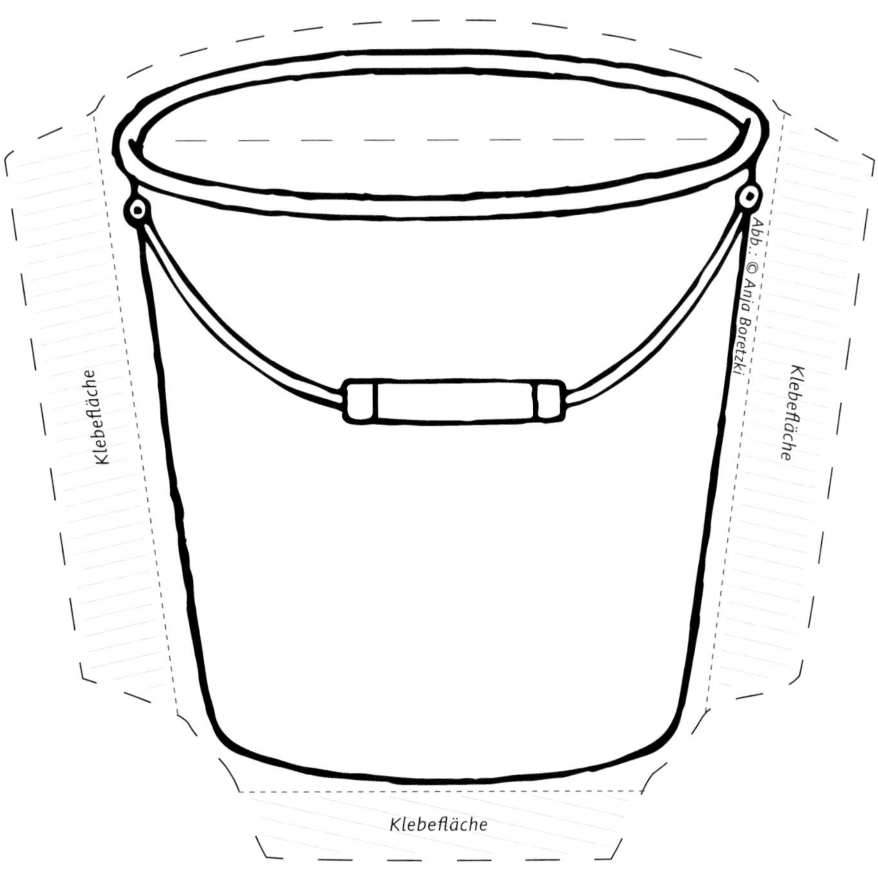

© Verlag an der Ruhr | Autorin: Doreen Blumhagen | Illustrationen: Anja Boretzki | ISBN 978-3-8346-3792-5 | www.verlagruhr.de

Meine ersten Wörter (1)

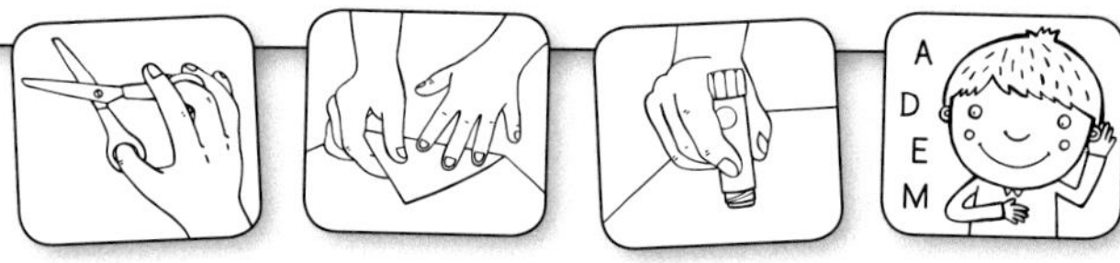

① Schneide die Vorlagen aus.

② Klebe sie zu einem Buch zusammen.

③ Schreibe zu jedem Bild das Wort. Nutze dein Anlaut-Lapbook.

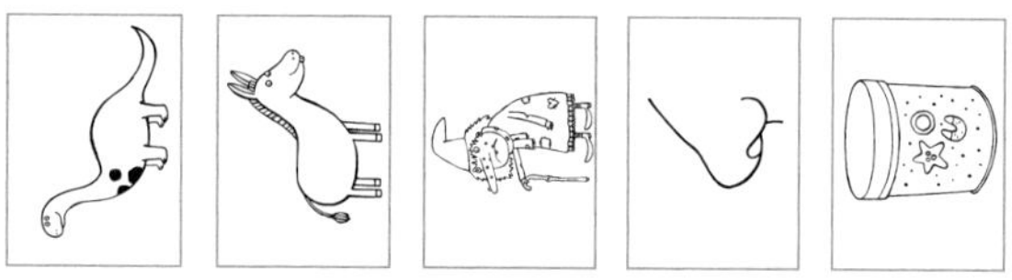

© Anja Boretzki

Klebefläche

2

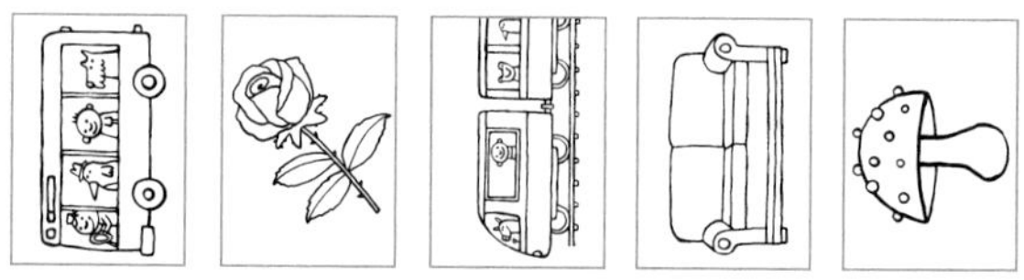

© Anja Boretzki

Klebefläche

4

Meine ersten Wörter

© Anja Boretzki

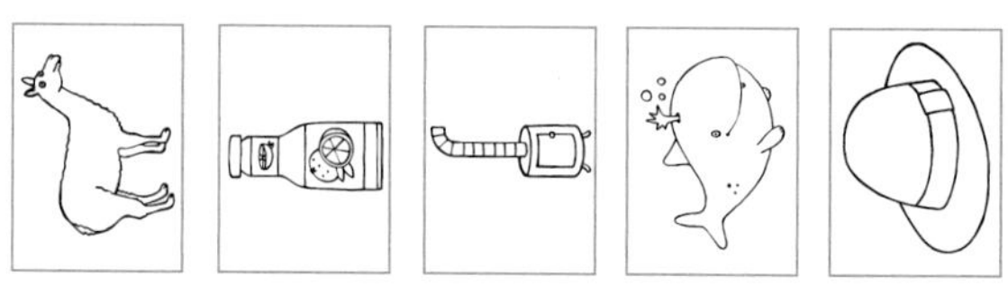

© Anja Boretzki

Klebefläche

3

© Verlag an der Ruhr | Autorin: Doreen Blumhagen | Illustrationen: Anja Boretzki | ISBN 978-3-8346-3792-5 | www.verlagruhr.de

Meine ersten Wörter (2)

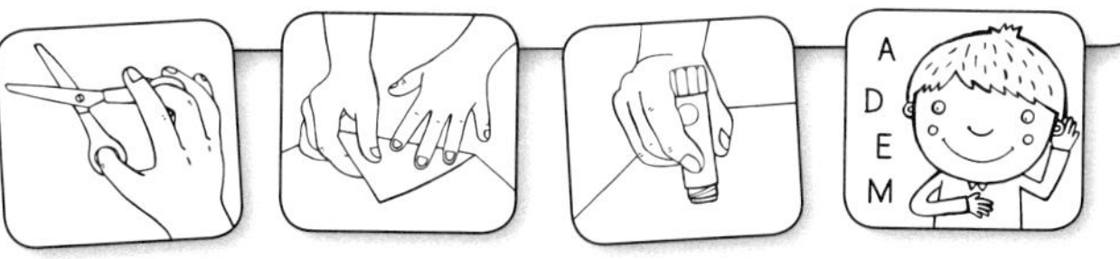

④ Schreibe zu jedem Bild das Wort. Nutze dein Anlaut-Lapbook.

⑤ Schneide Bilder aus. Klebe sie auf die Rückseiten.

⑥ Schreibe zu deinen Bildern die Wörter.

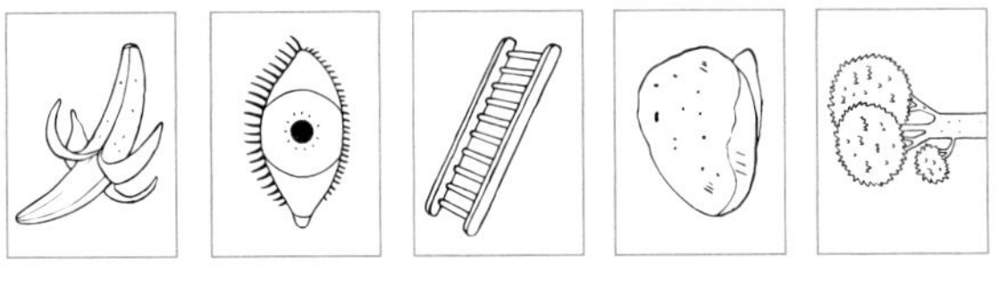

© Anja Boretzki

Klebefläche

6

© Anja Boretzki

Klebefläche

8

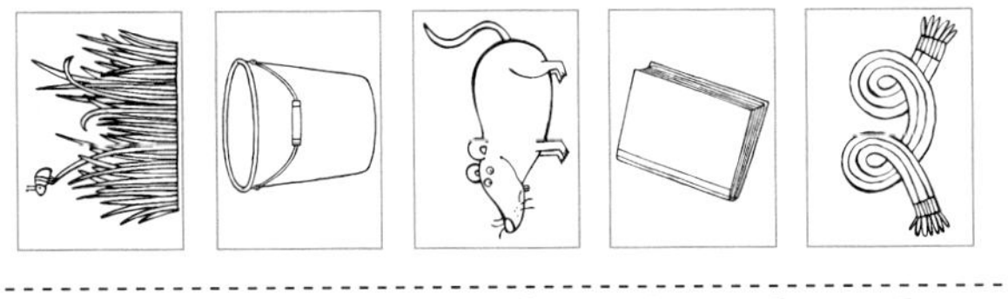

© Anja Boretzki

Klebefläche

5

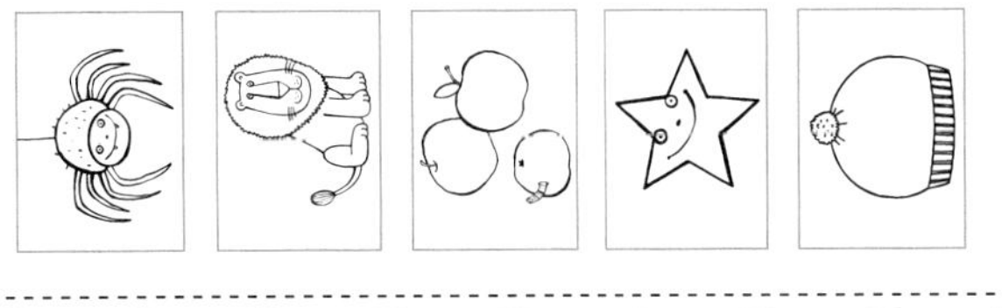

© Anja Boretzki

Klebefläche

7

Buchstabenbücher basteln – Ankreuzliste (1)

① Gestalte den Buchstaben.

❍ Beklebe mit: 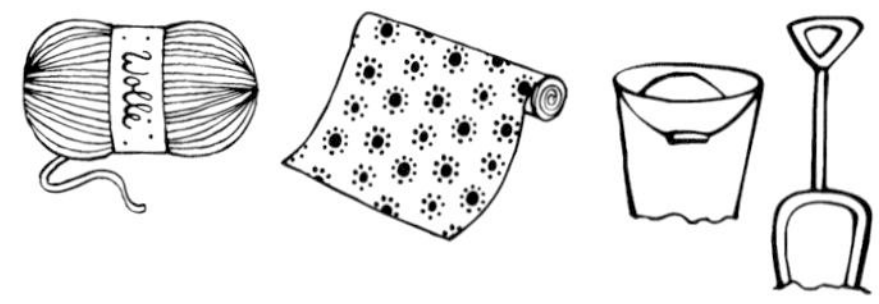

❍ Spure bunt nach. 

❍ Stich nach. 

② Spure die Buchstaben nach.

③ Bearbeite die Innenseite.

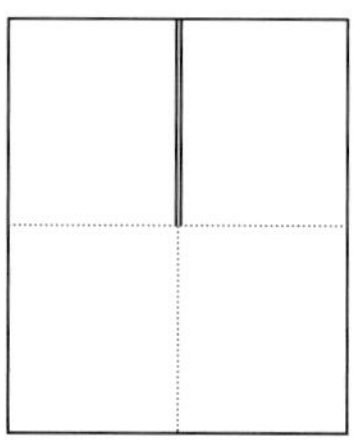

❍ Klebe Buchstaben auf. 

❍ Schreibe verschieden groß. B B B

❍ Male Bilder mit dem Laut. 

❍ Stemple den Buchstaben. 

❍ Schreibe Wörter mit dem Laut: Bär, gelb

❍ Klebe Bilder mit dem Laut auf. 

Vorlagen – Selbstlaute und Umlaute (1)

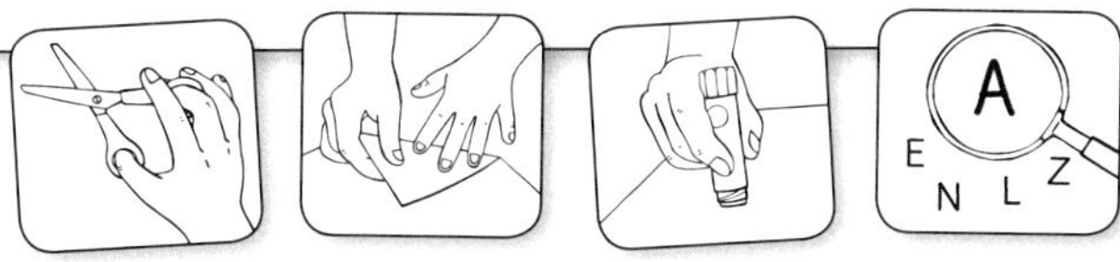

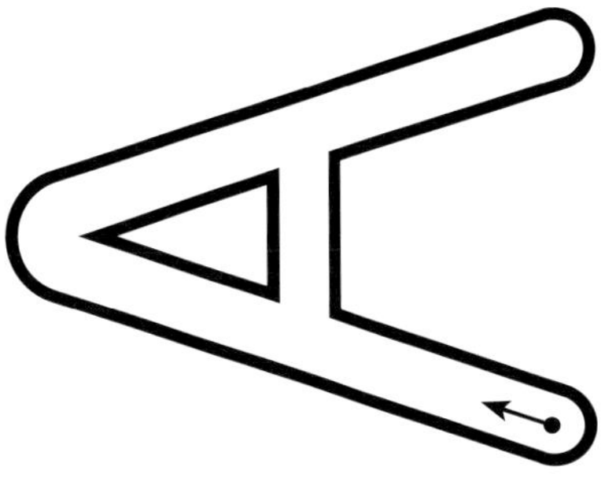

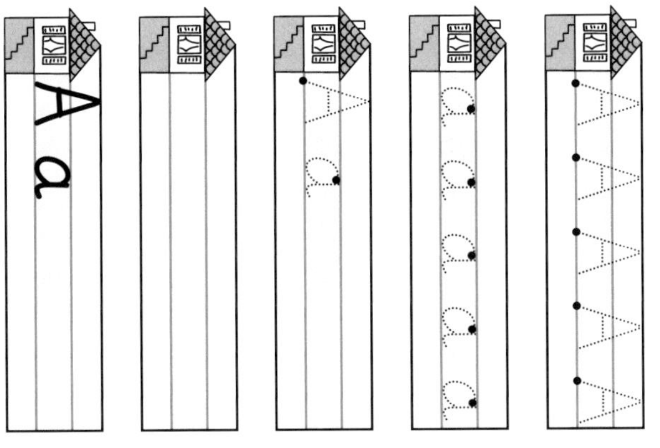

Klebefläche

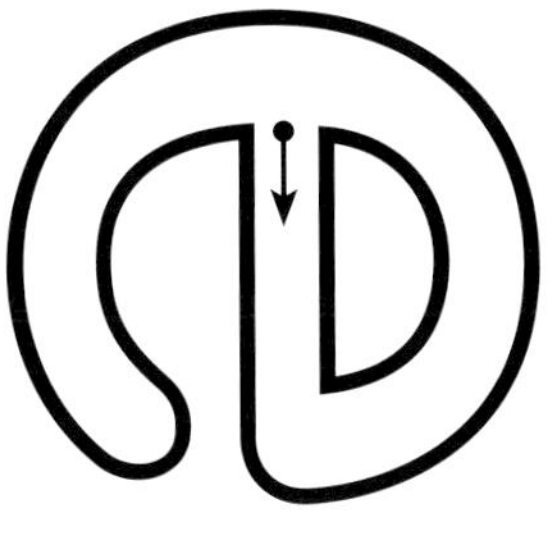

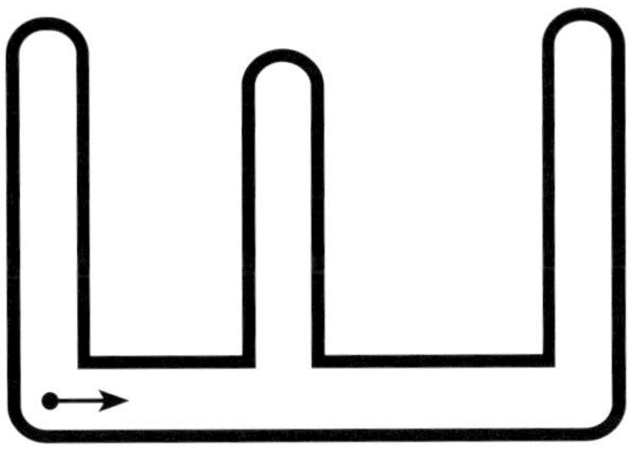

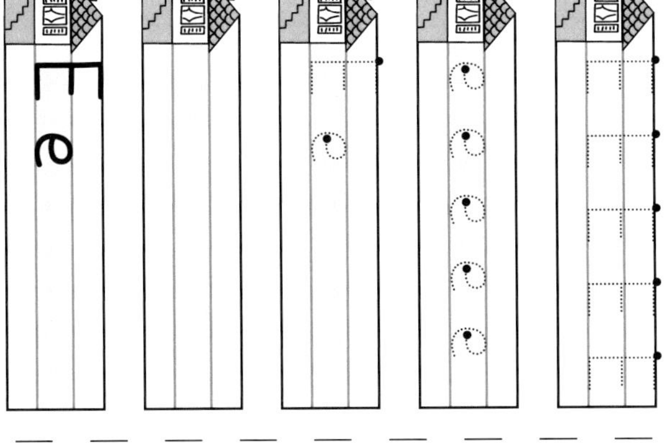

Klebefläche

© Verlag an der Ruhr | Autorin: Doreen Blumhagen | Illustrationen: Anja Boretzki | ISBN 978-3-8346-3792-5 | www.verlagruhr.de

Vorlagen – Selbstlaute und Umlaute (2)

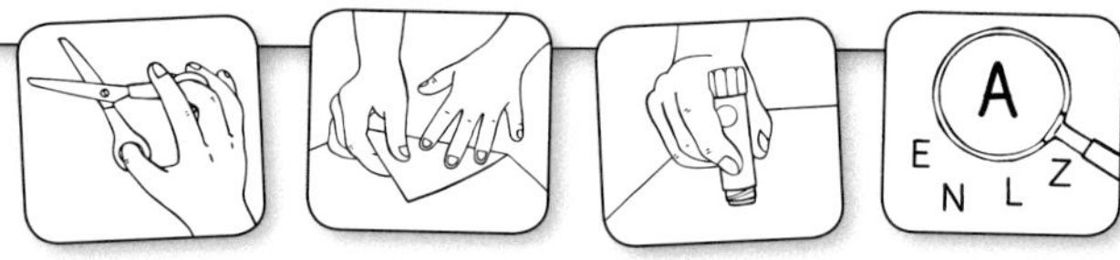

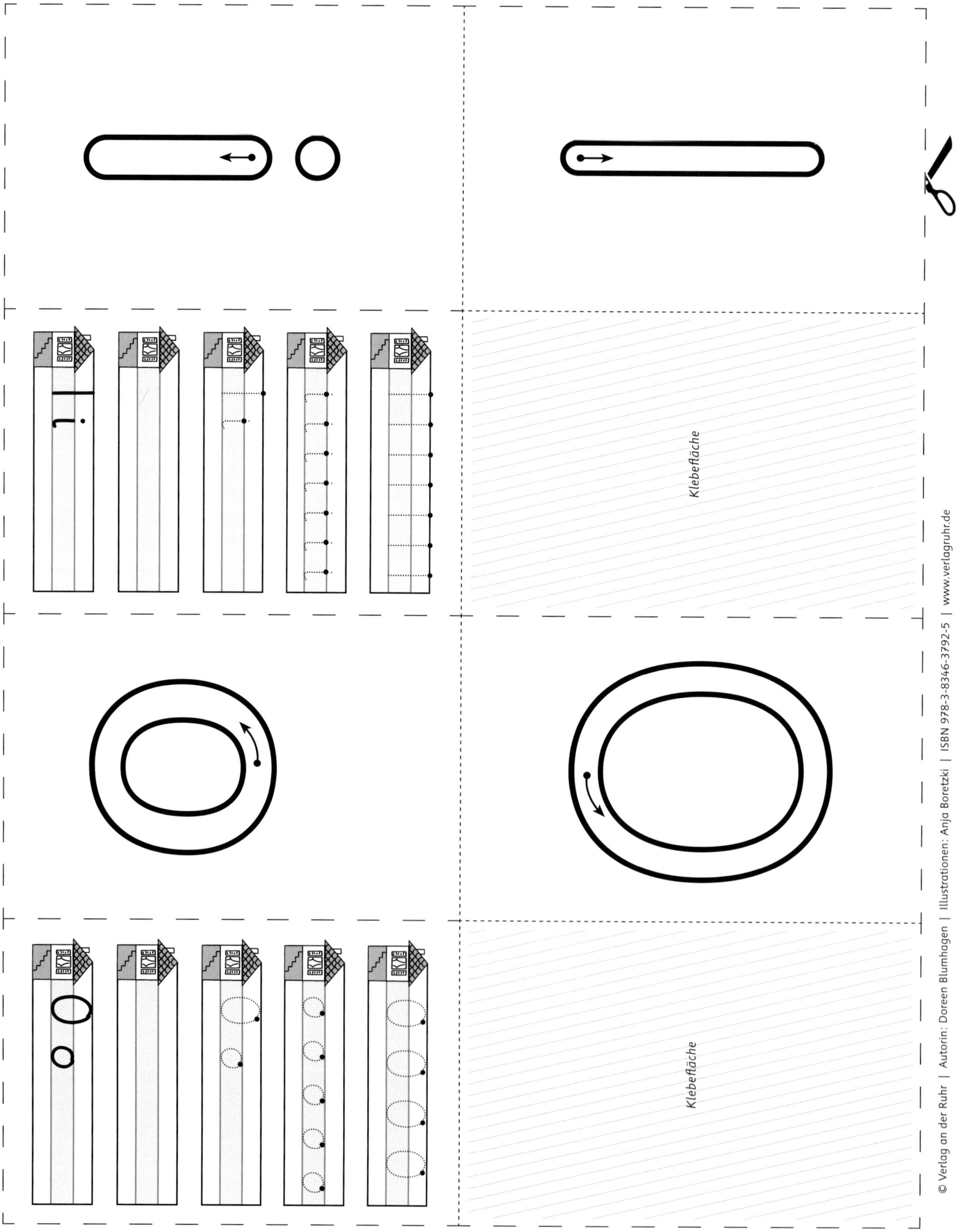

 | Autorin: Doreen Blumhagen | Illustrationen: Anja Boretzki | ISBN 978-3-8346-3792-5 | www.verlagruhr.de

Vorlagen – Selbstlaute und Umlaute (3)

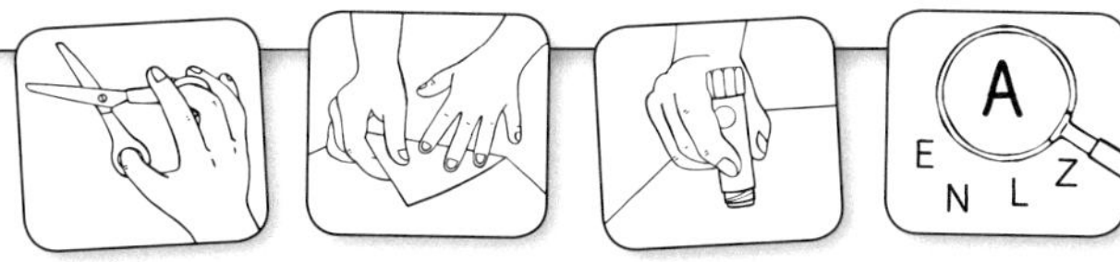

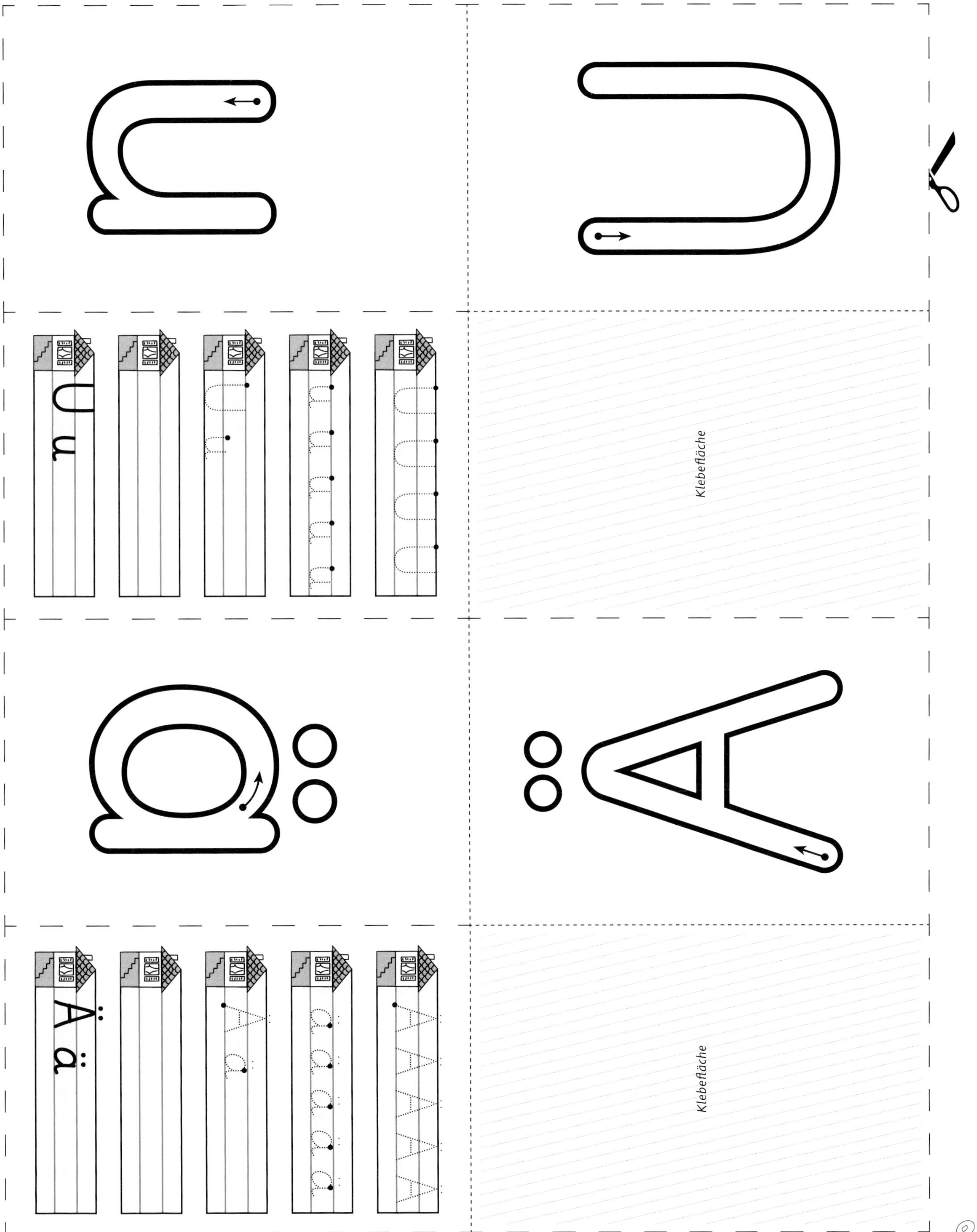

Vorlagen – Selbstlaute und Umlaute (4)

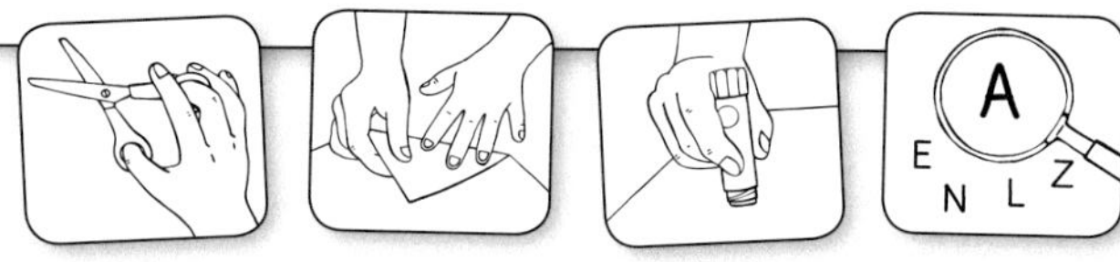

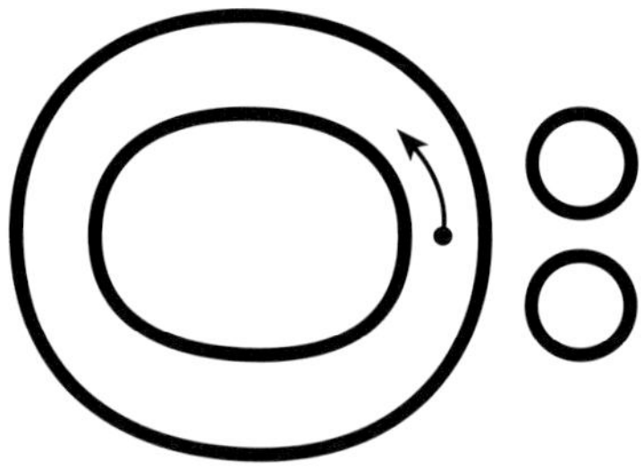

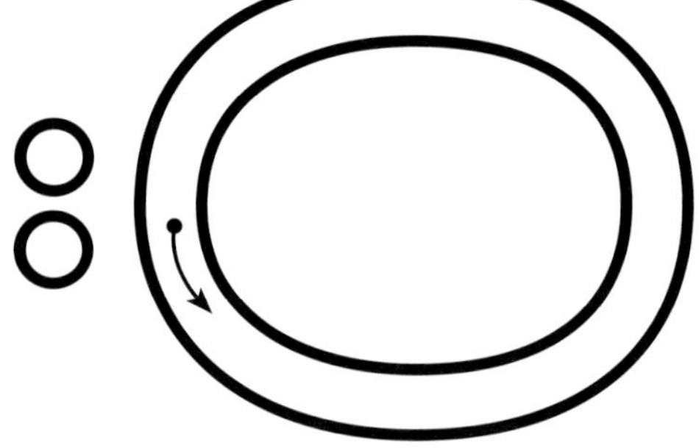

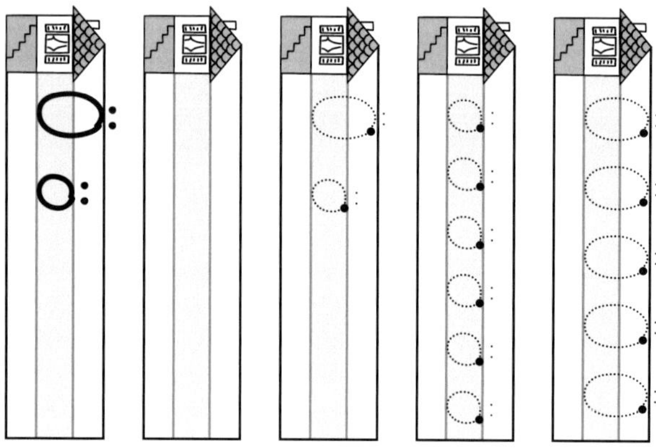

Klebefläche

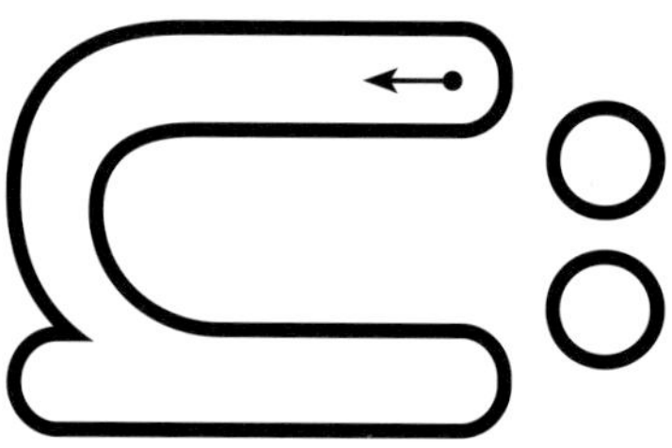

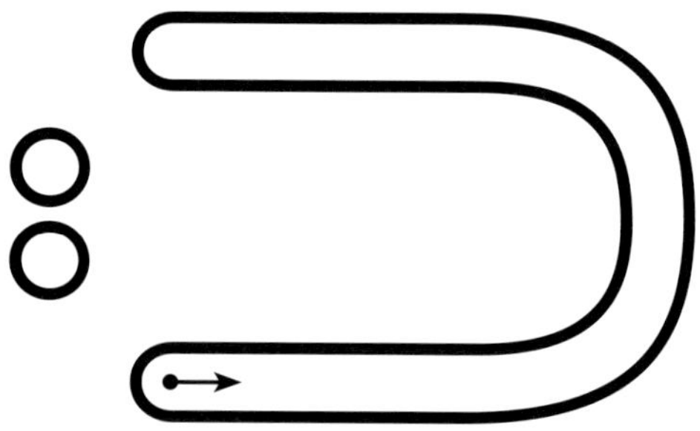

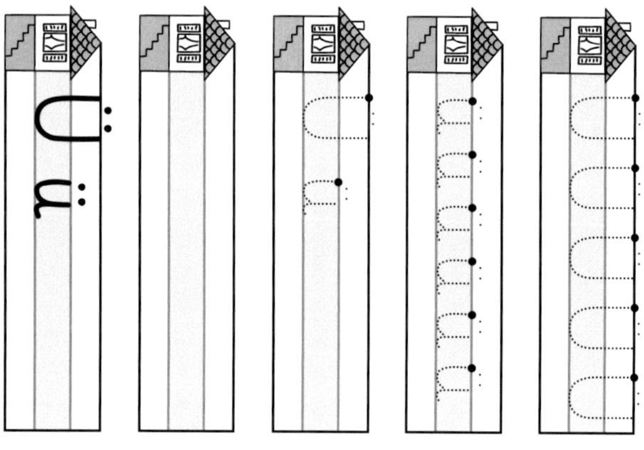

Klebefläche

Vorlage – Mitlaute (1)

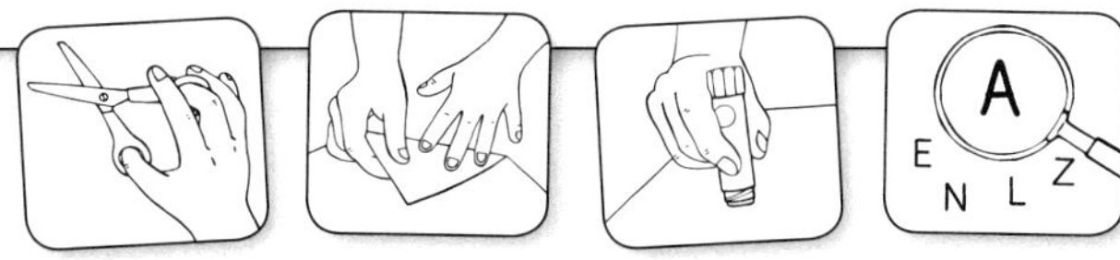

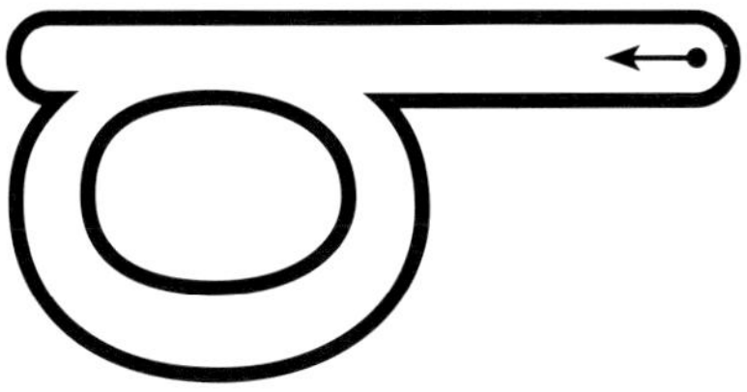

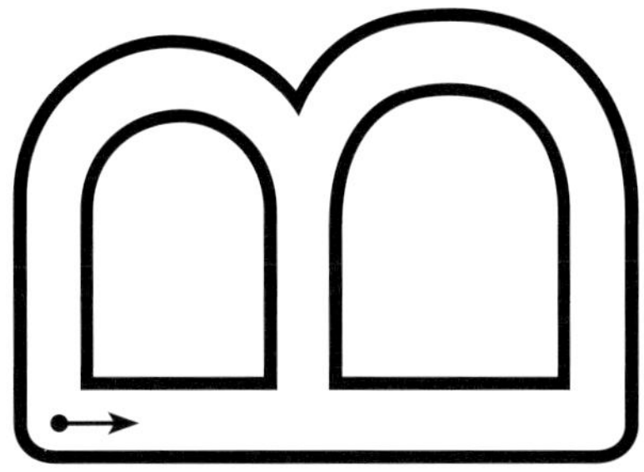

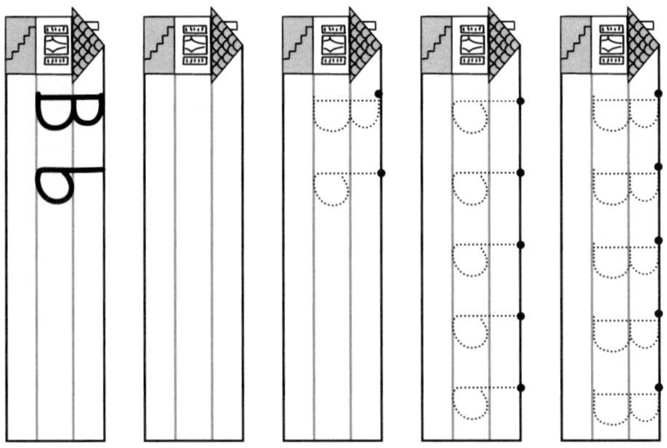

Klebefläche

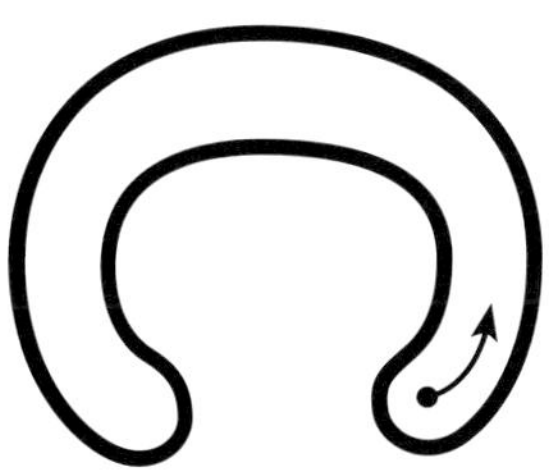

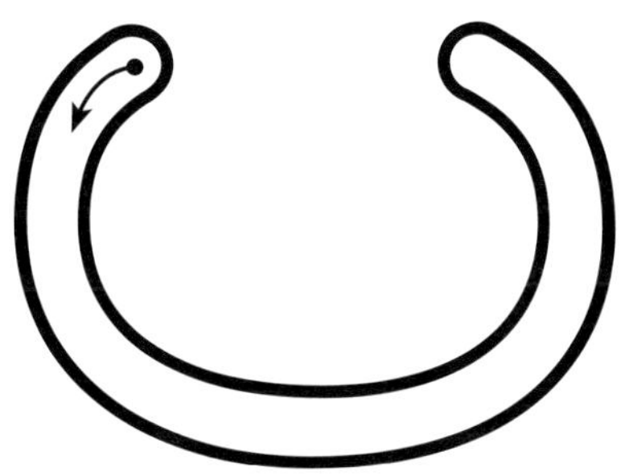

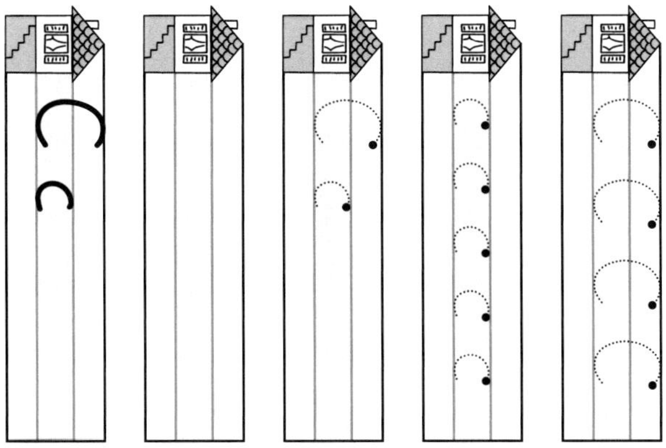

Klebefläche

© Verlag an der Ruhr | Autorin: Doreen Blumhagen | Illustrationen: Anja Boretzki | ISBN 978-3-8346-3792-5 | www.verlagruhr.de

Vorlage – Mitlaute (2)

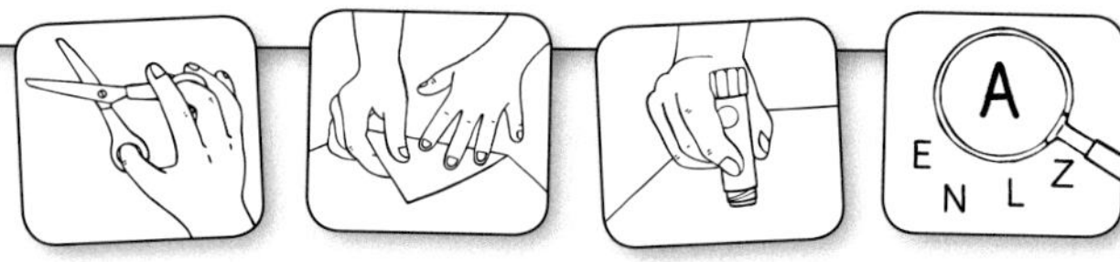

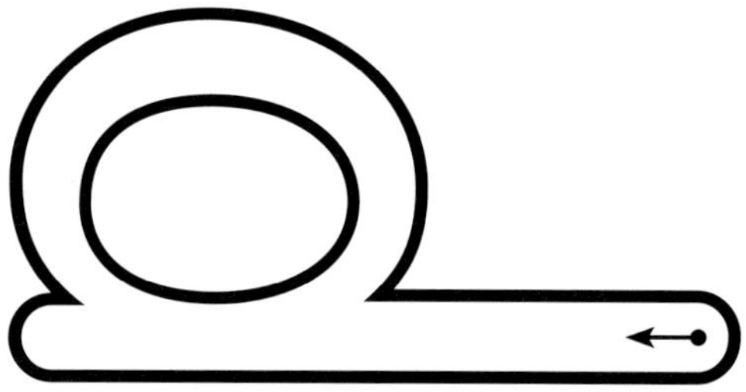

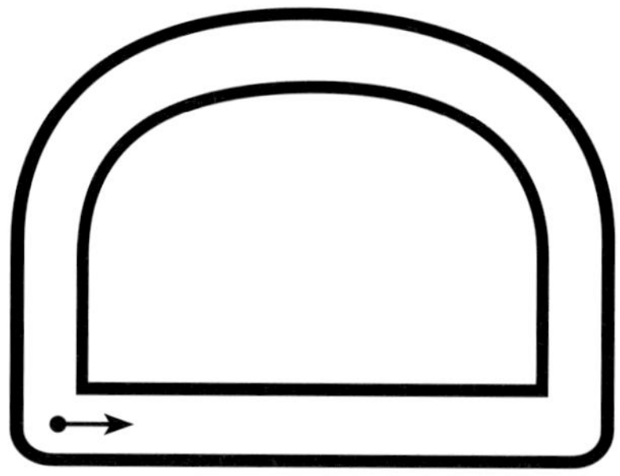

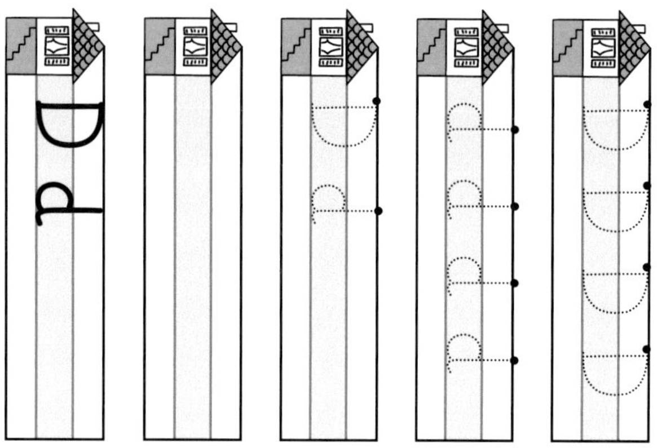

Klebefläche

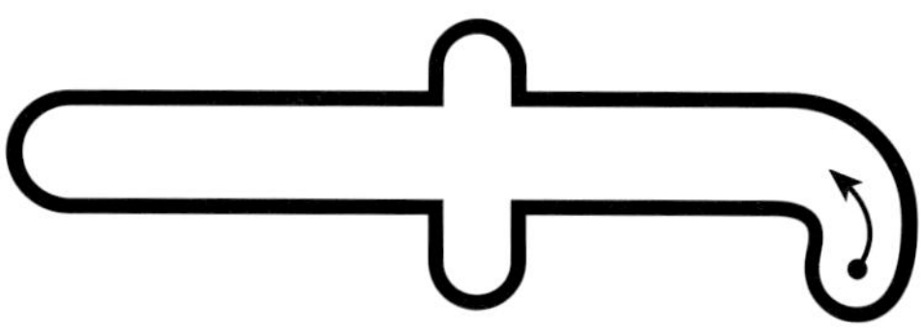

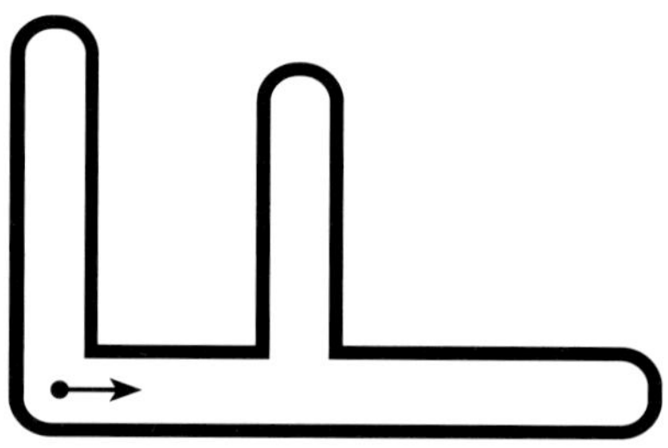

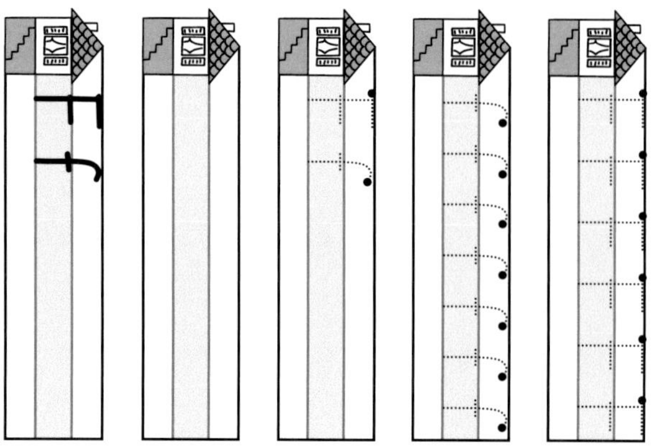

Klebefläche

Vorlage – Mitlaute (3)

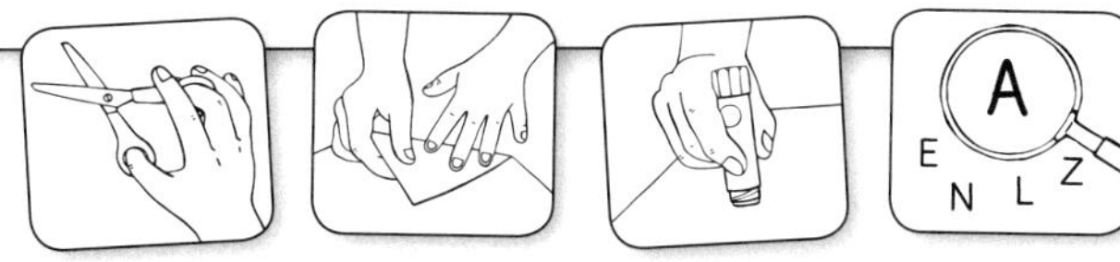

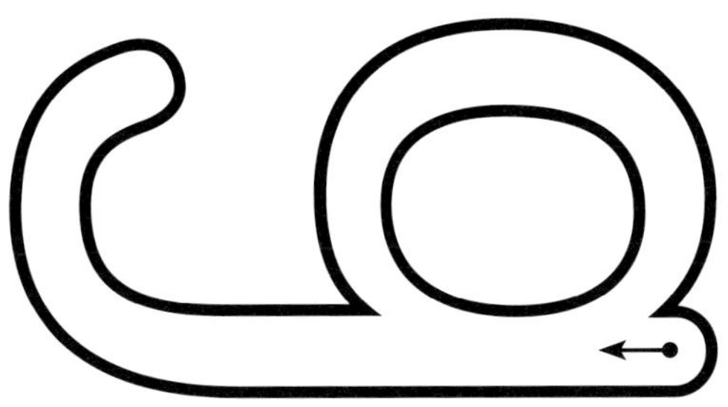

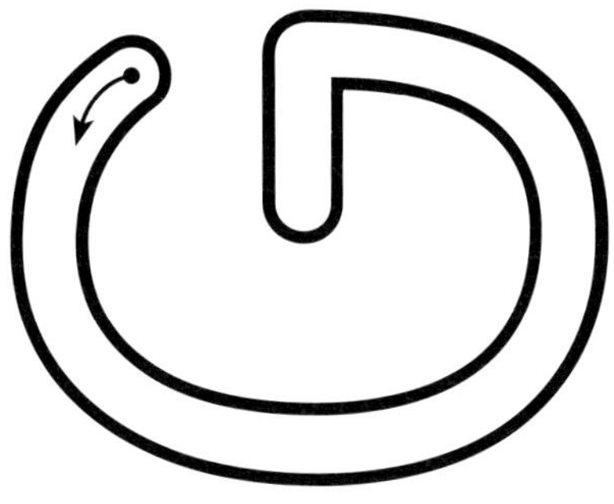

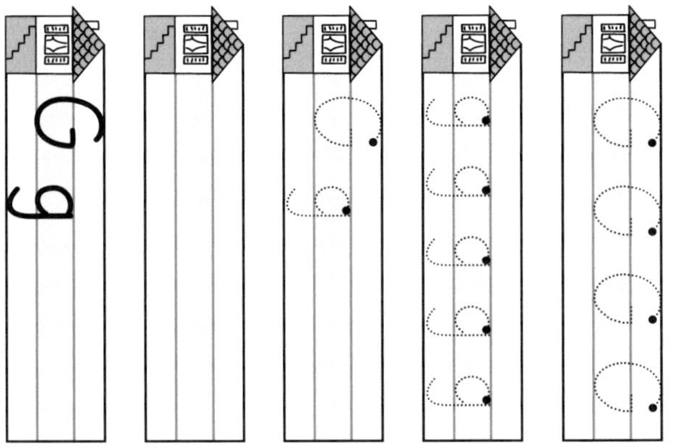

Klebefläche

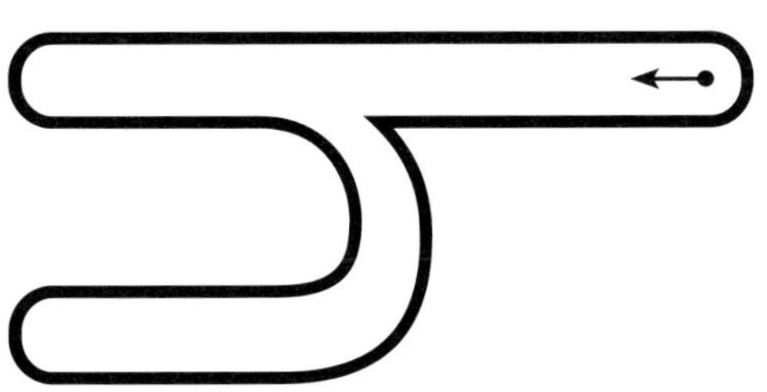

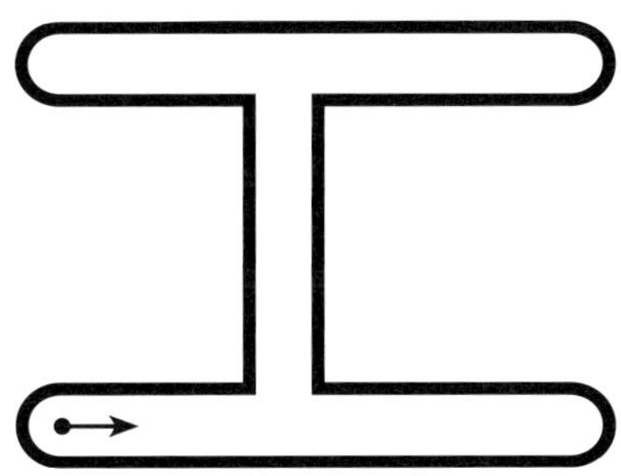

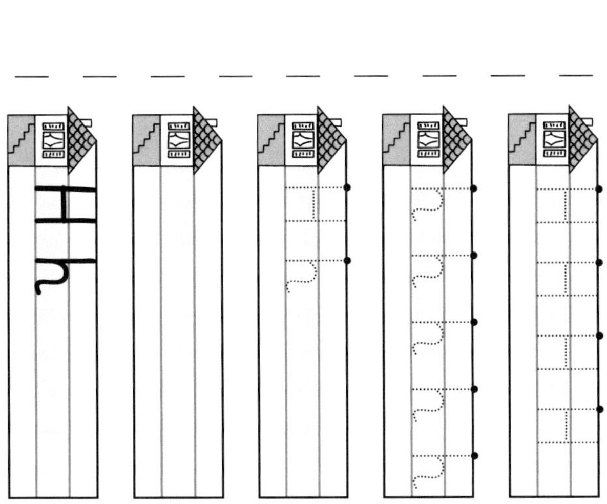

Klebefläche

Vorlage – Mitlaute (4)

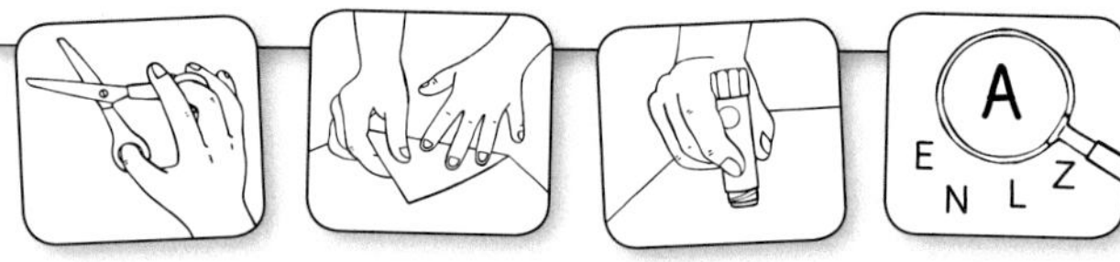

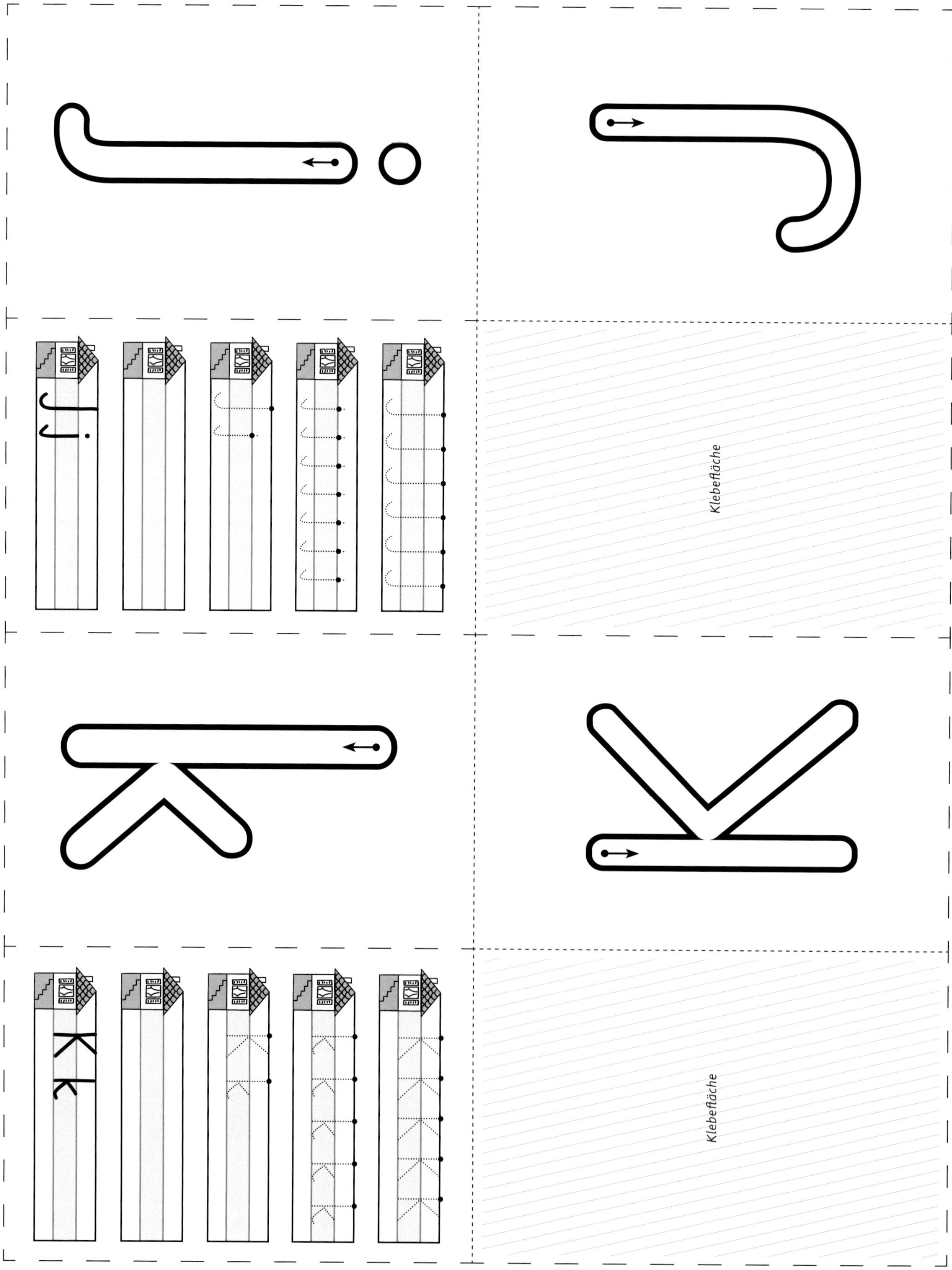

Vorlage – Mitlaute (5)

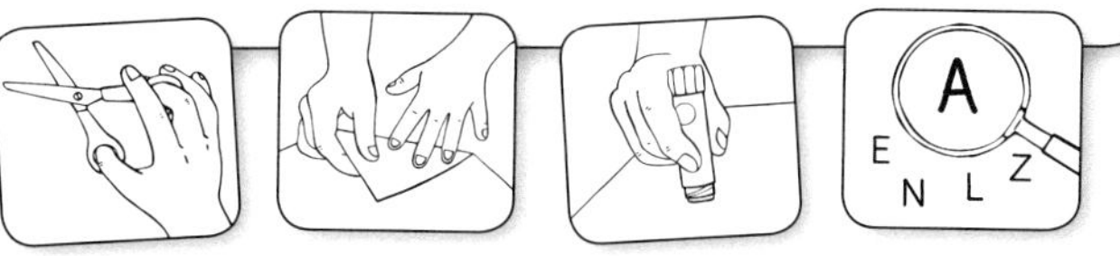

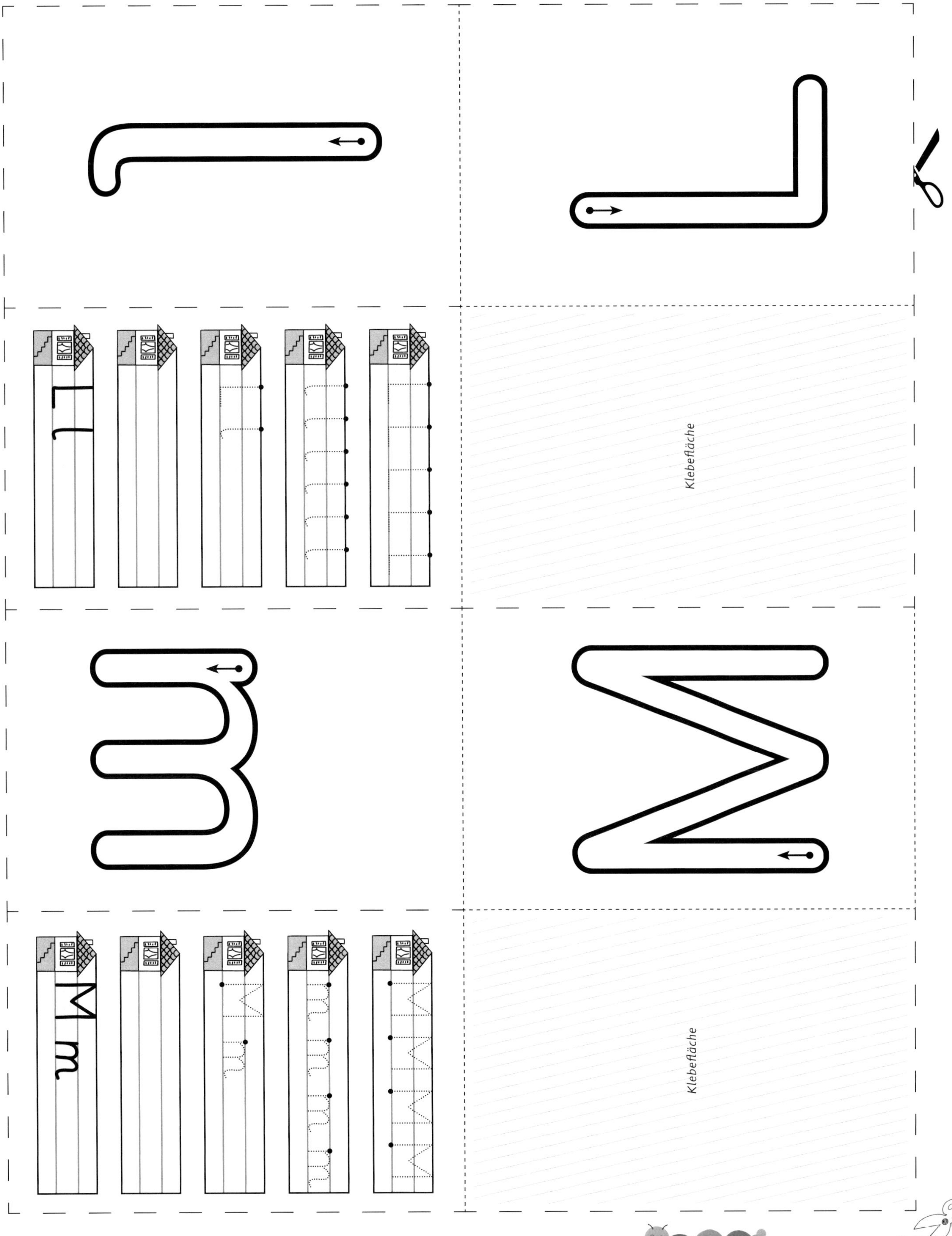

© Verlag an der Ruhr | Autorin: Doreen Blumhagen | Illustrationen: Anja Boretzki | ISBN 978-3-8346-3792-5 | www.verlagruhr.de

Vorlage – Mitlaute (6)

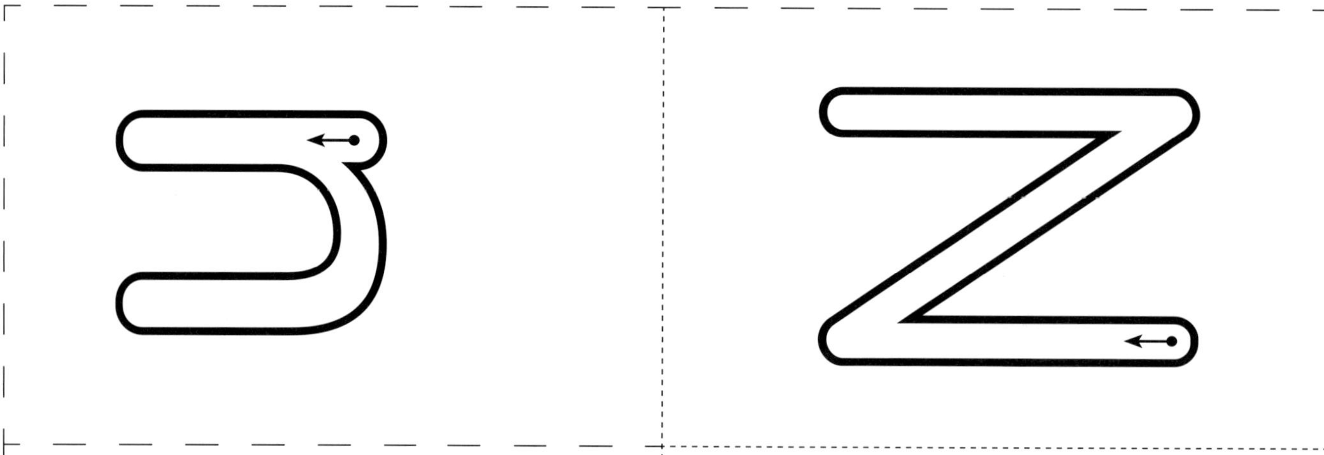

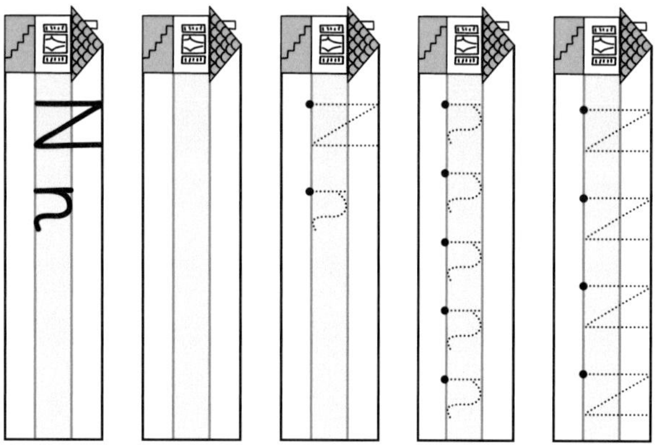

Klebefläche

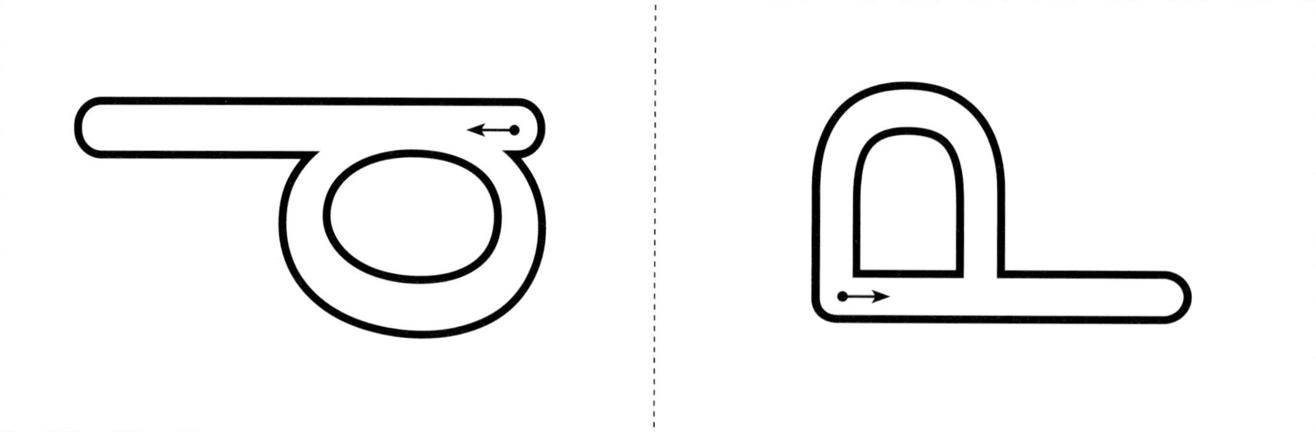

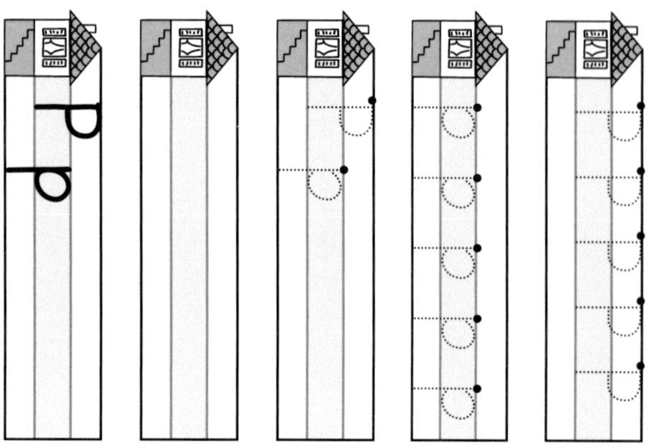

Klebefläche

Vorlage – Mitlaute (7)

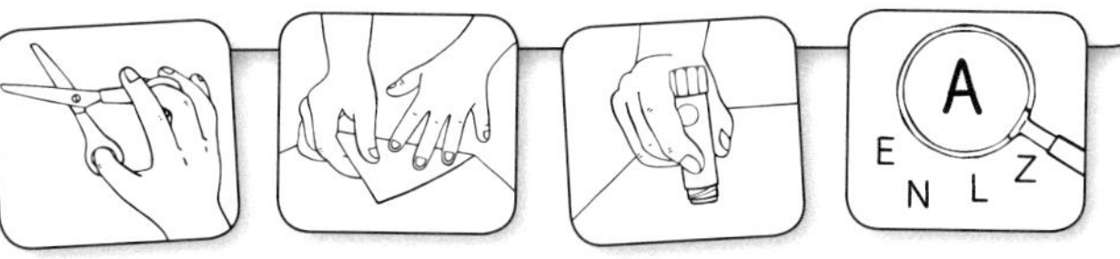

qu

Qu

Qu qu

Klebefläche

r

R

R r

Klebefläche

 | ISBN 978-3-8346-3792-5 | www.verlagruhr.de

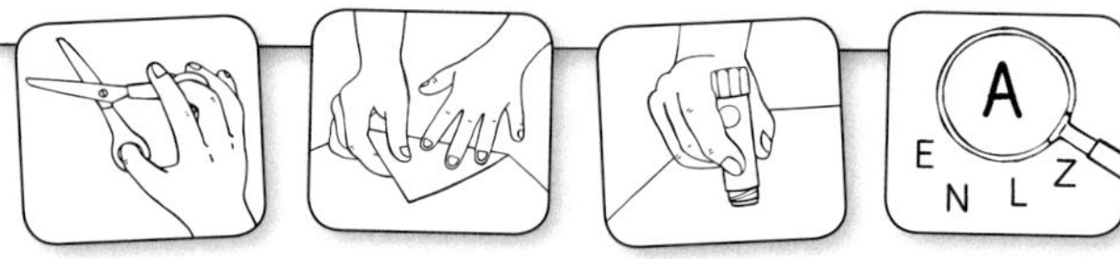

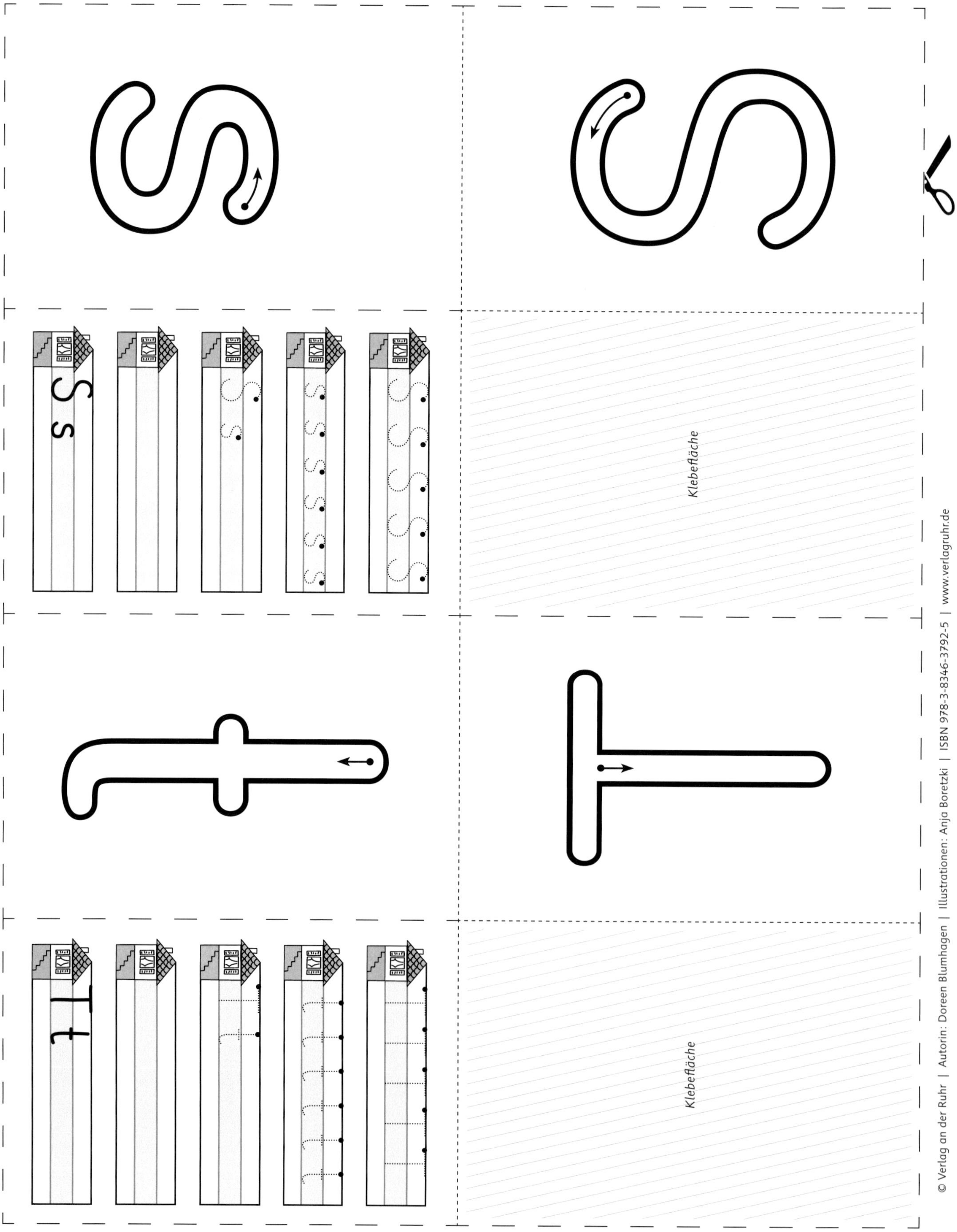

© Verlag an der Ruhr | Autorin: Doreen Blumhagen | Illustrationen: Anja Boretzki | ISBN 978-3-8346-3792-5 | www.verlagruhr.de

Vorlage – Mitlaute (9)

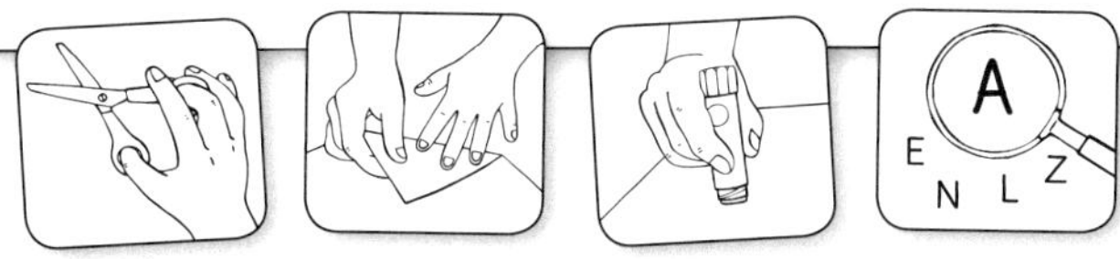

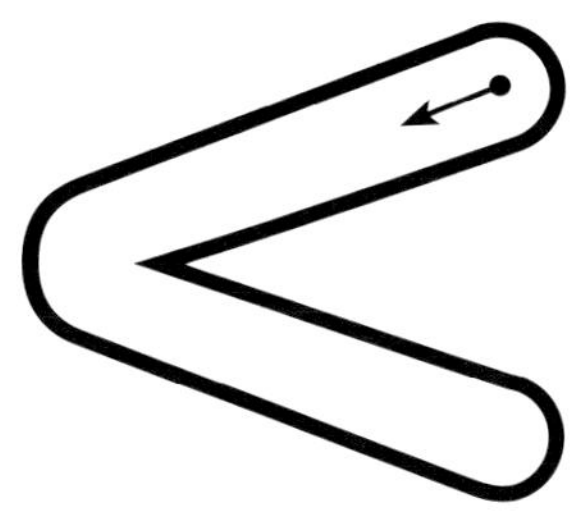

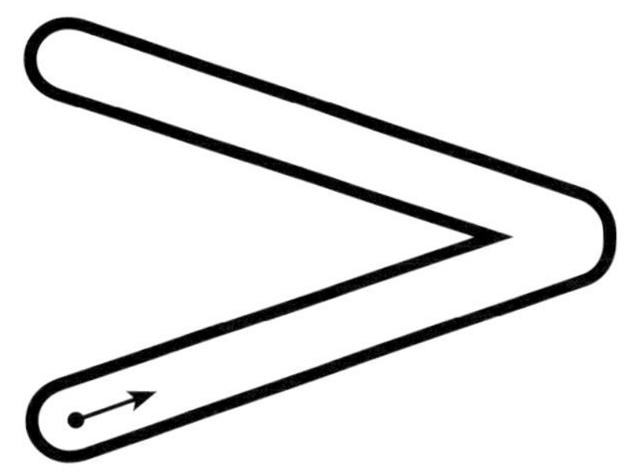

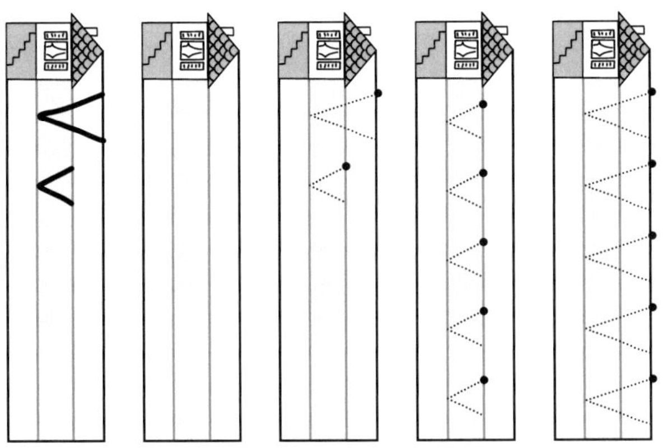

Klebefläche

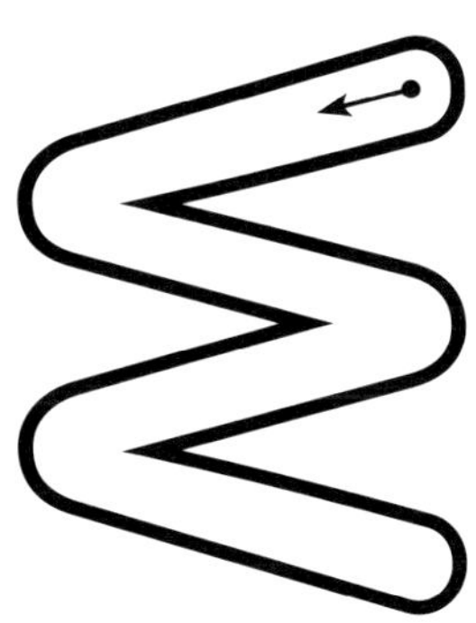

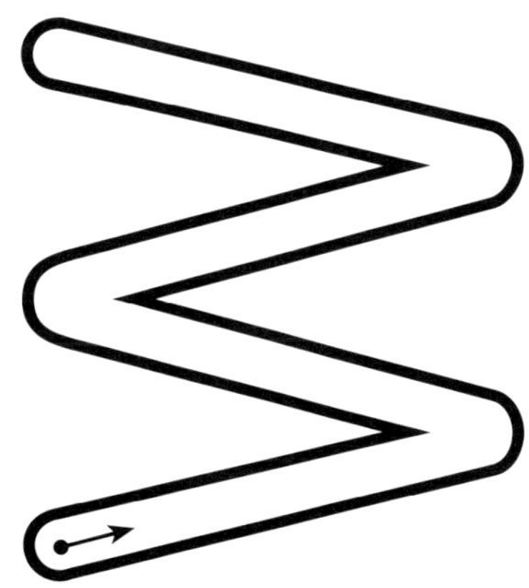

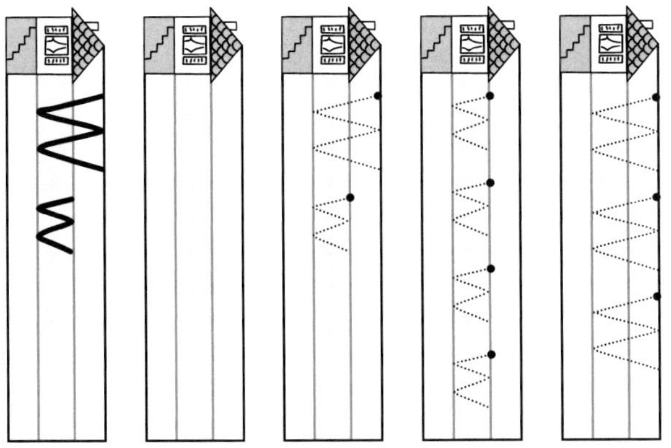

Klebefläche

Vorlage – Mitlaute (10)

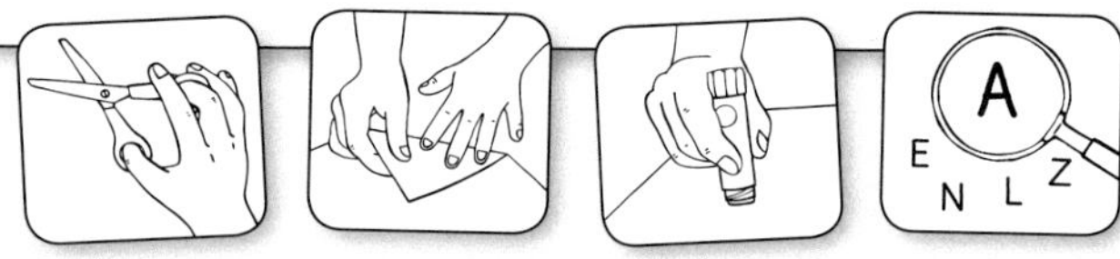

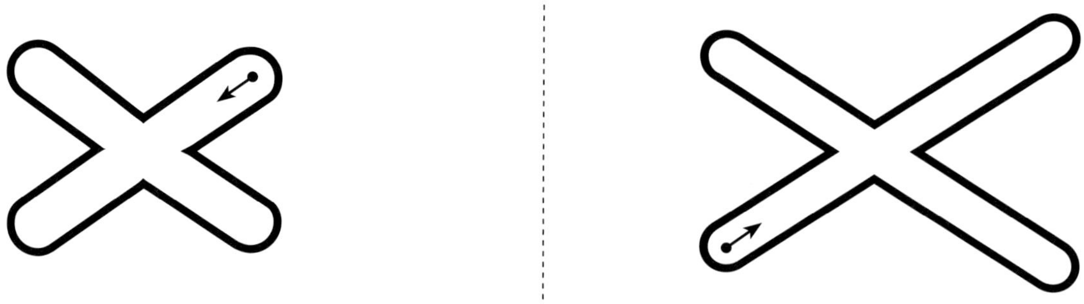

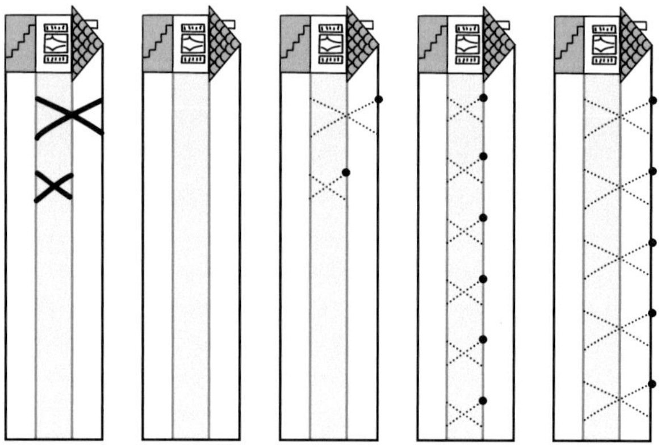

Klebefläche

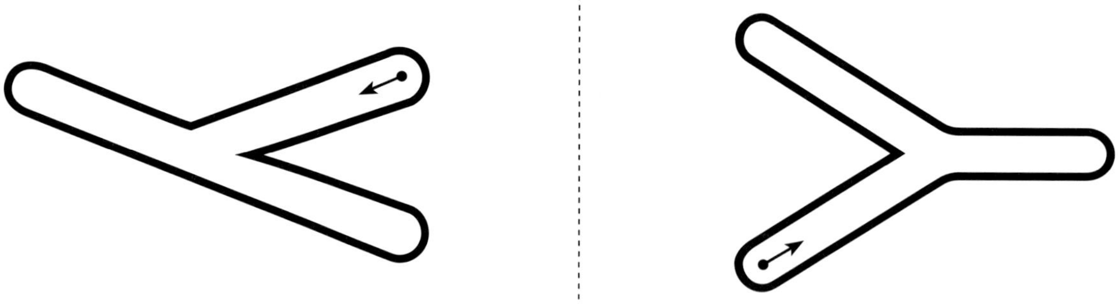

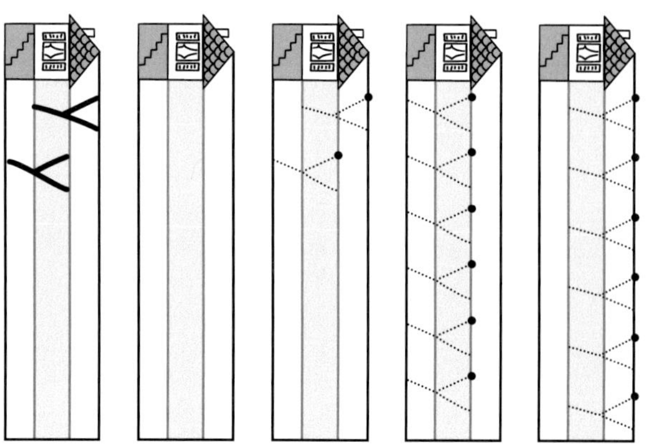

Klebefläche

Vorlage – Mitlaute (11)

N

Klebefläche

ß

Klebefläche

© Verlag an der Ruhr | Autorin: Doreen Blumhagen | Illustrationen: Anja Boretzki | ISBN 978-3-8346-3792-5 | www.verlagruhr.de

Buchstabenbücher basteln – Ankreuzliste (2)

① Gestalte die Buchstaben.

❍ Beklebe mit:

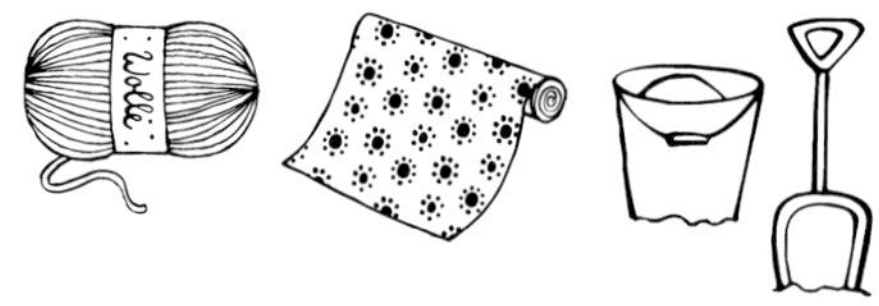

❍ Spure bunt nach.

❍ Stich nach.

② Schreibe oder klebe Wörter mit diesem Laut.
Male den Laut farbig an.

Beispiel:

③ Bearbeite die Innenseite.

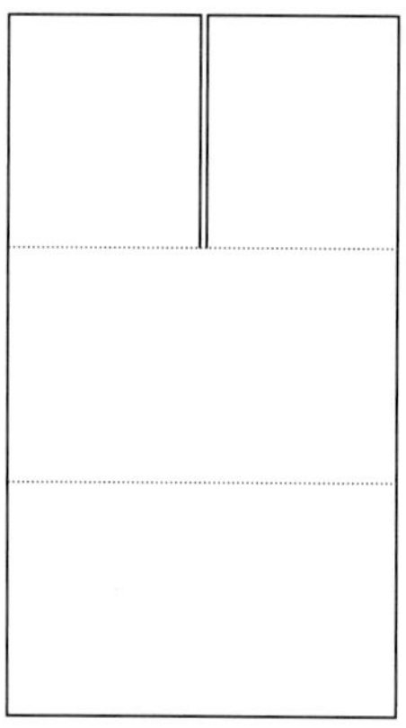

❍ Klebe Bilder mit dem laut auf.

❍ Male Bilder mit dem Laut.

Vorlage – Zwielaute (1)

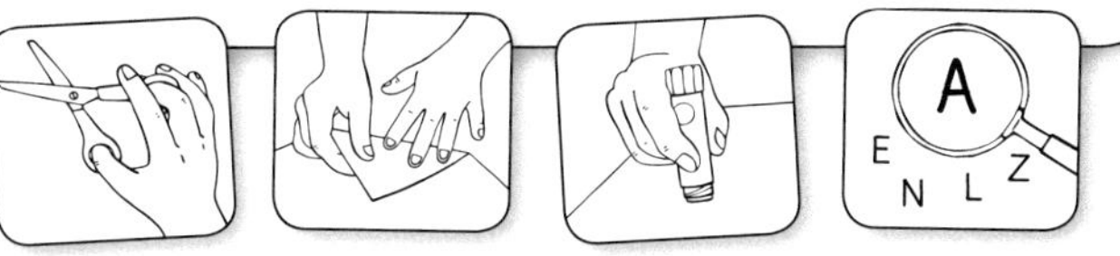

Klebefläche

Klebefläche

A u E i

Vorlage – Zwielaute (2)

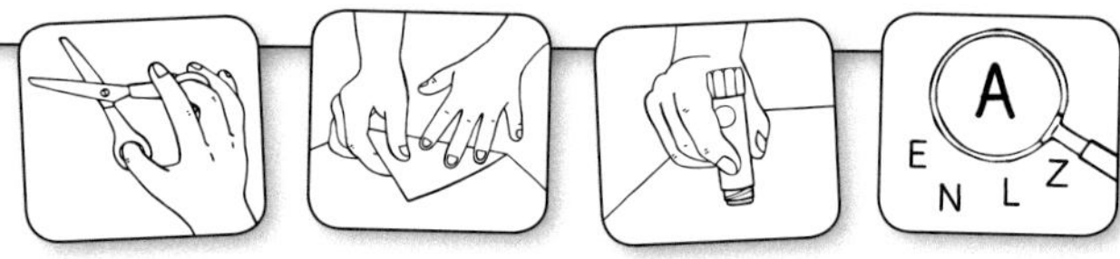

Klebefläche

Klebefläche

E u i e

Vorlage – Mehrfache Mitlaute (1)

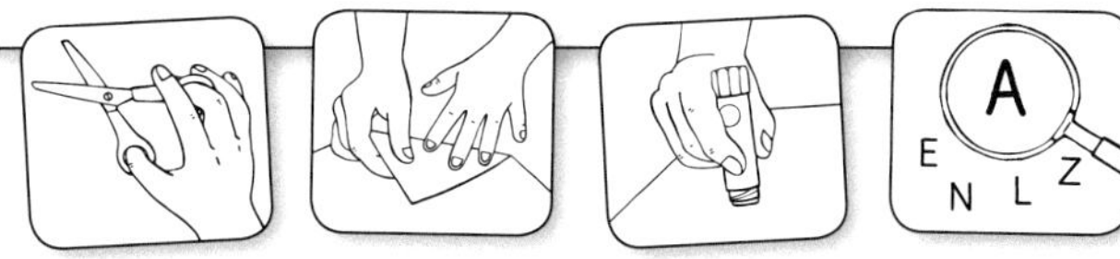

Klebefläche

Klebefläche

S t S p

Vorlage – Mehrfache Mitlaute (2)

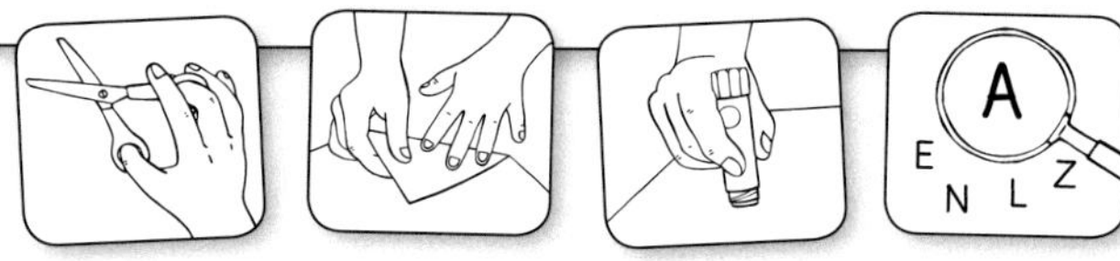

Klebefläche

Klebefläche

C h P f

Vorlage – Mehrfache Mitlaute (3)

Klebefläche

Klebefläche

S c h c k

Schreibheft-Tasche

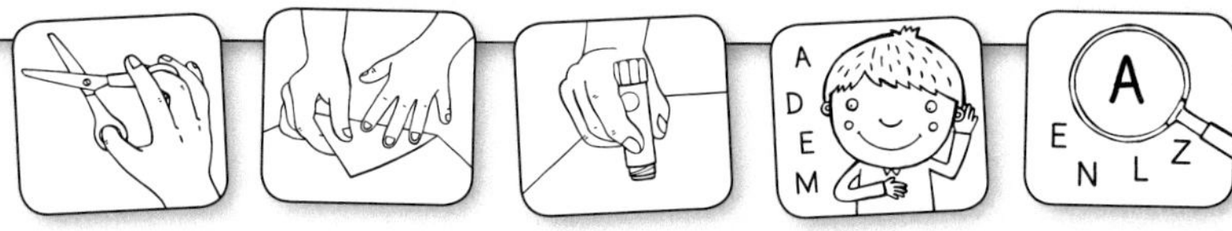

Hier kannst du dein Schreibheft zum Üben der Buchstaben hineinstecken.

ABC-Drehspiel

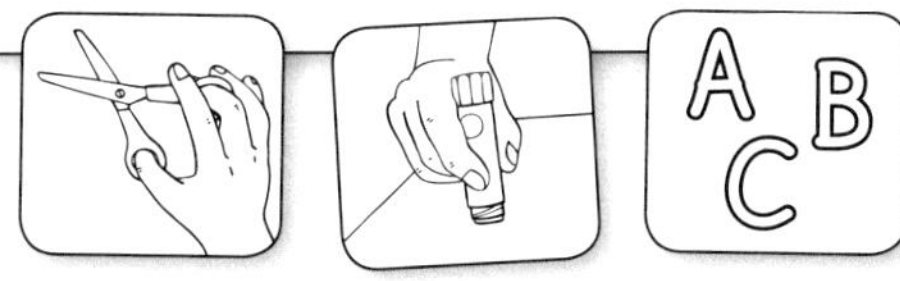

① Spielt zu zweit.

② Bastelt die Drehscheibe.

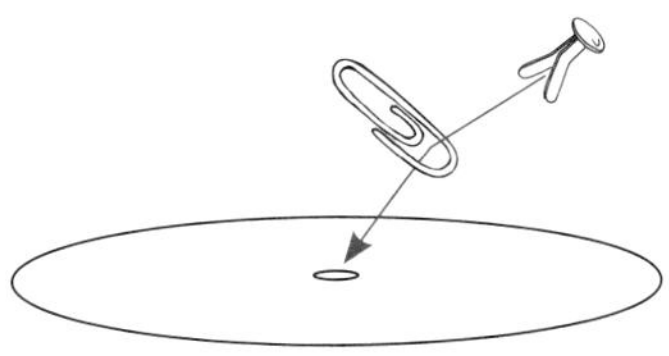

③ So geht es:

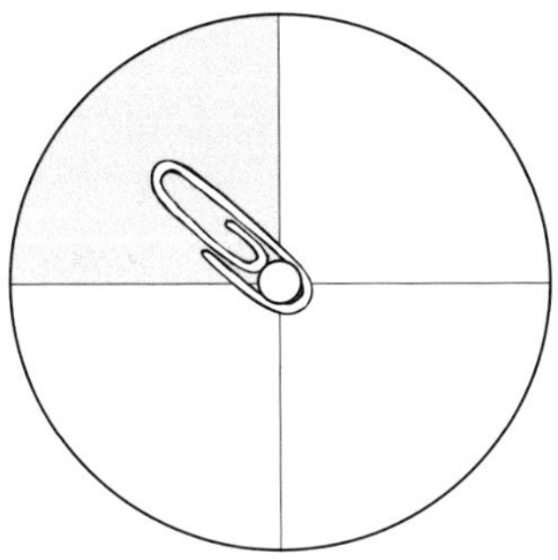

Beim 1. Drehen erfahrt ihr die Aufgabe.

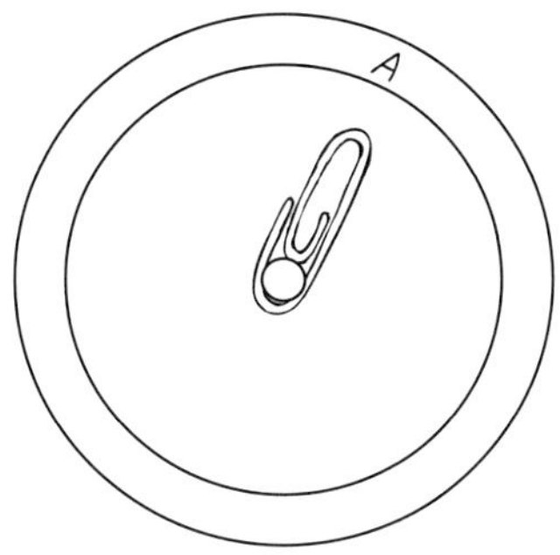

Beim 2. Drehen erfahrt ihr den Buchstaben.

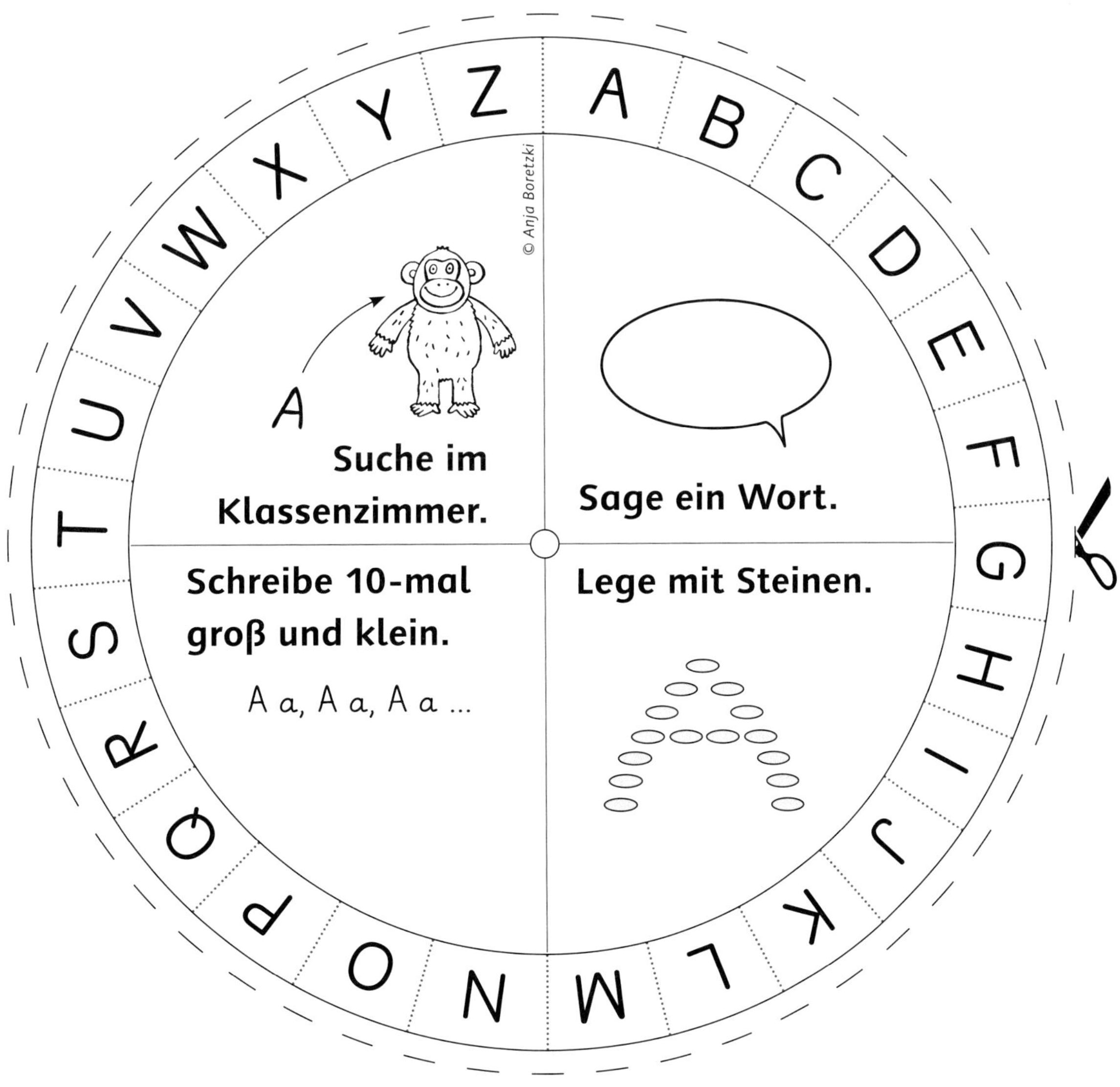

© Verlag an der Ruhr | Autorin: Doreen Blumhagen | Illustrationen: Anja Boretzki | ISBN 978-3-8346-3792-5 | www.verlagruhr.de

Groß- und Kleinbuchstaben-Puzzle (1)

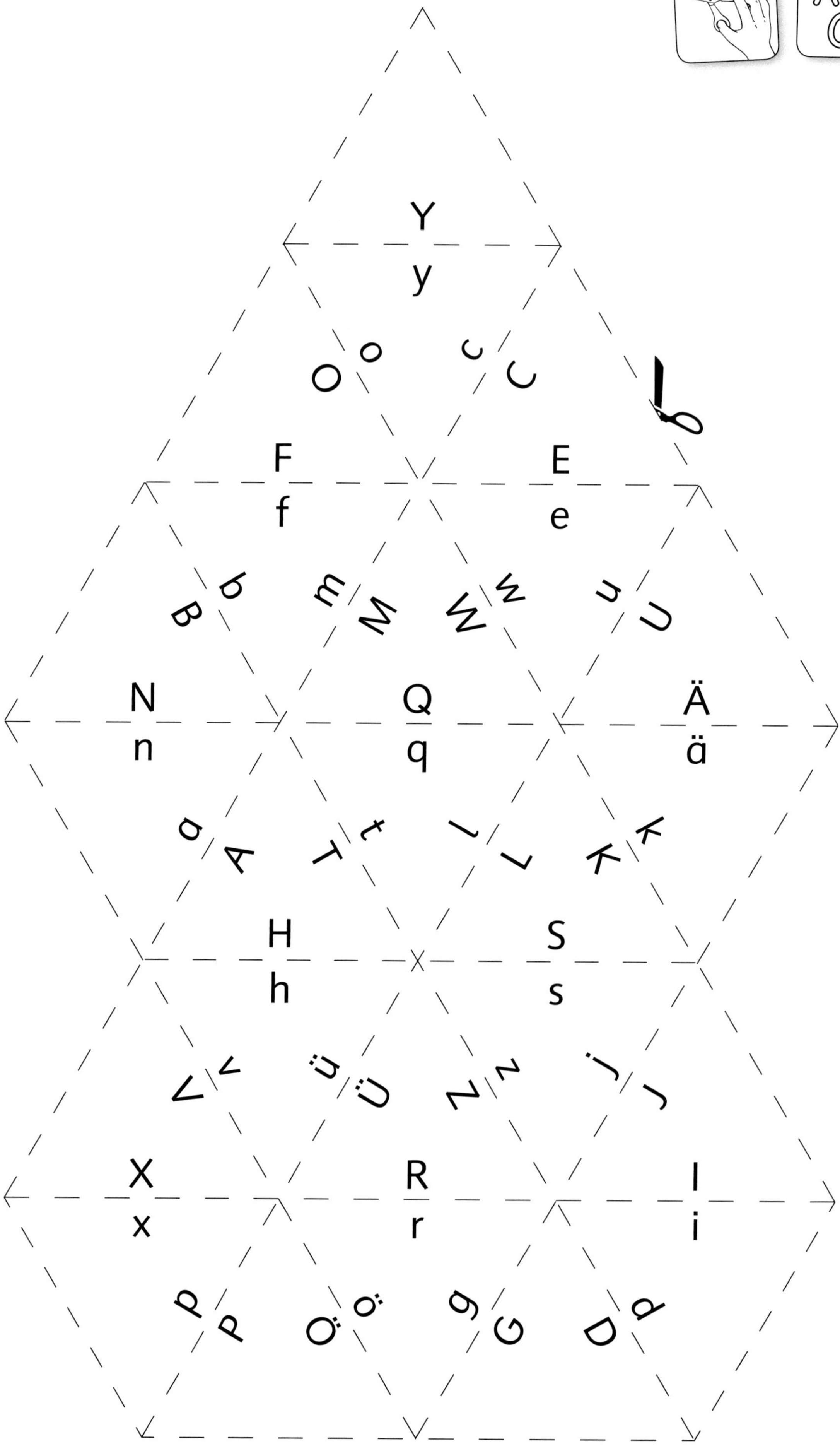

Groß- und Kleinbuchstaben-Puzzle (2)

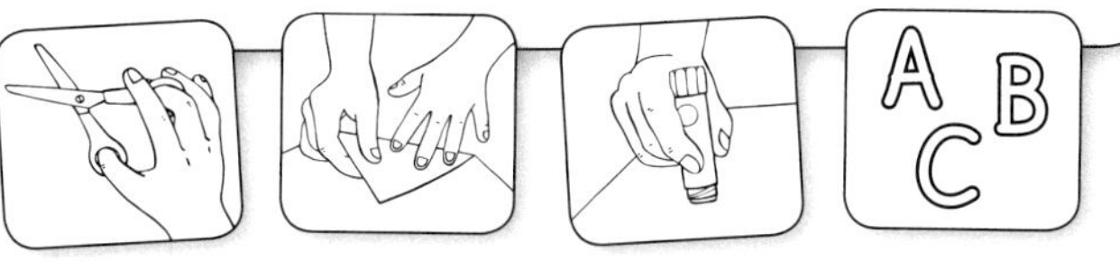

① Lege das Buchstaben-Puzzle. Immer große und kleine Buchstaben gehören zusammen.

② Bewahre das Puzzle in der Tasche auf.

Abb.: © Anja Boretzki

Mein ABC-Leporello (1)

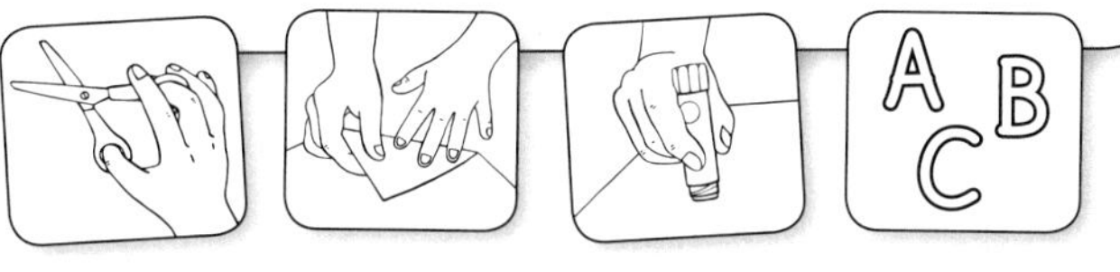

① Schreibe ein ABC-Leporello.
Schreibe alle Selbstlaute rot.
Schreibe alle Mitlaute blau.

② Bewahre das Leporello in der Tasche auf.

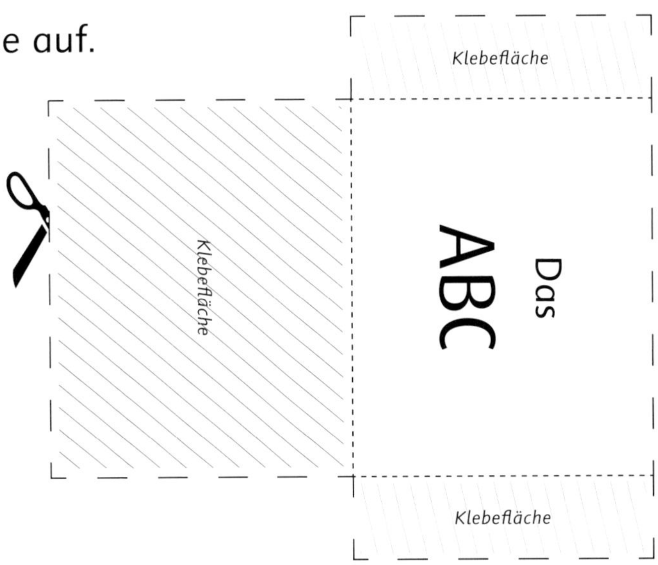

Mein ABC-Leporello (2)

Mein
ABC-
Leporello

Klebefläche

Klebefläche

Klebefläche

ABC-Lied

① Ergänze die Buchstaben.

② Sortiere die Seiten nach dem Alphabet.

③ Verbinde die Seiten mit einer Musterbeutelklammer.

© Anja Boretzki

Das ABC-Lied

___ I J ___ L M ___ O ___

Jetzt können wir das

A B C,

X ___ Z, juche.

So geht unser Alphabet.

Q ___ S ___ ___ V W

A ___ C D ___ ___ G

 ISBN 978-3-8346-3792-5 | www.verlagruhr.de

Mein ABC

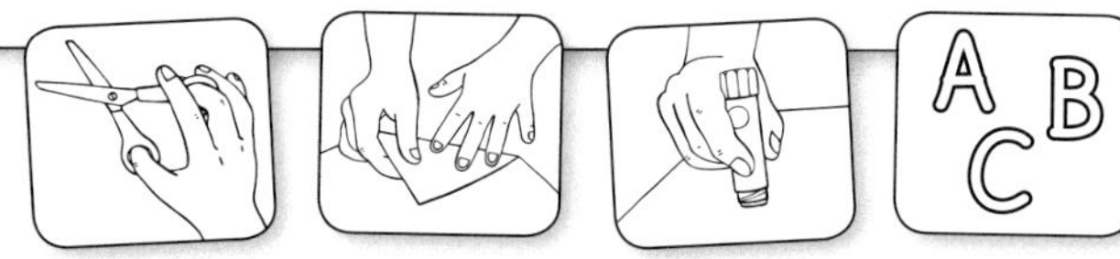

① Schreibe ein ABC zu Tieren, Essen, Spielzeug oder Pflanzen.

② Finde zu jedem Buchstaben ein Wort. Schreibe es auf die Klappe.

Klebefläche		Klebefläche	
	A		M
	B		N
	C		O
	D		P
	E		Q
	F		R
	G		S
	H		T
	I		U
	J		V
	K		W
	L		XYZ

Buchstabensuppe

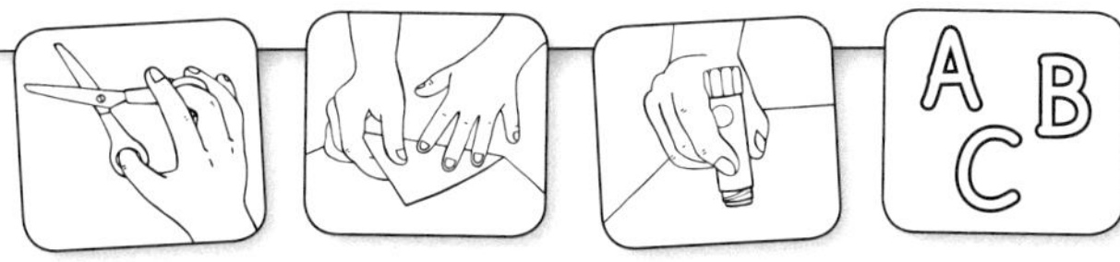

① Lege mit den Buchstaben Wörter.

② Bewahre die Buchstaben in der Tasche auf.

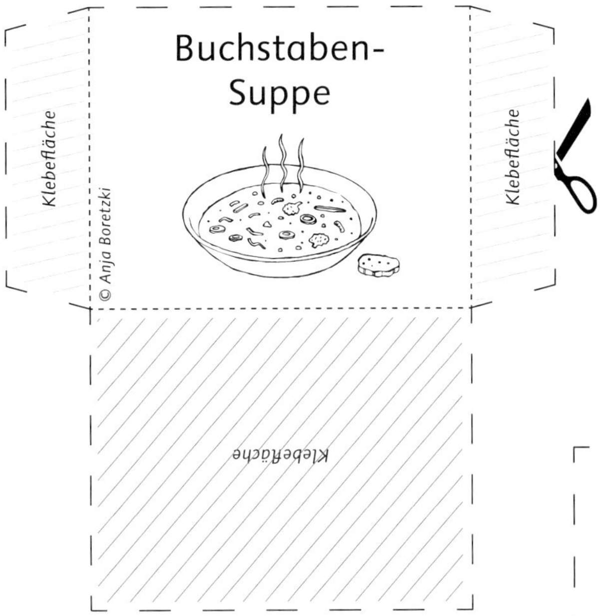

A A B

B C D

D E E

F F G G

H H I I J K K

L L M M N N N

O O P P Q R R

S S T T U U V

W X Y Z Ä Ö Ü

© Verlag an der Ruhr | Autorin: Doreen Blumhagen | Illustrationen: Anja Boretzki | ISBN 978-3-8346-3792-5 | www.verlagruhr.de

Mein Lieblingsbuchstabe

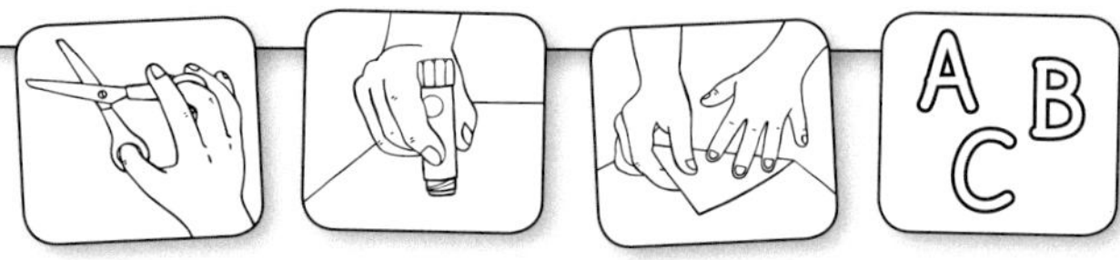

① Schreibe deinen Lieblingsbuchstaben in das kleine Herz.

② Gestalte das Herz zu deinem Buchstaben.

Zum Beispiel mit:

- Anlautwörtern
- Anlautbildern
- Zungenbrechern
- Reimen
- einem Buchstabenbild
- dem Buchstaben in unterschiedlichen Schriften, Farben und Größen.

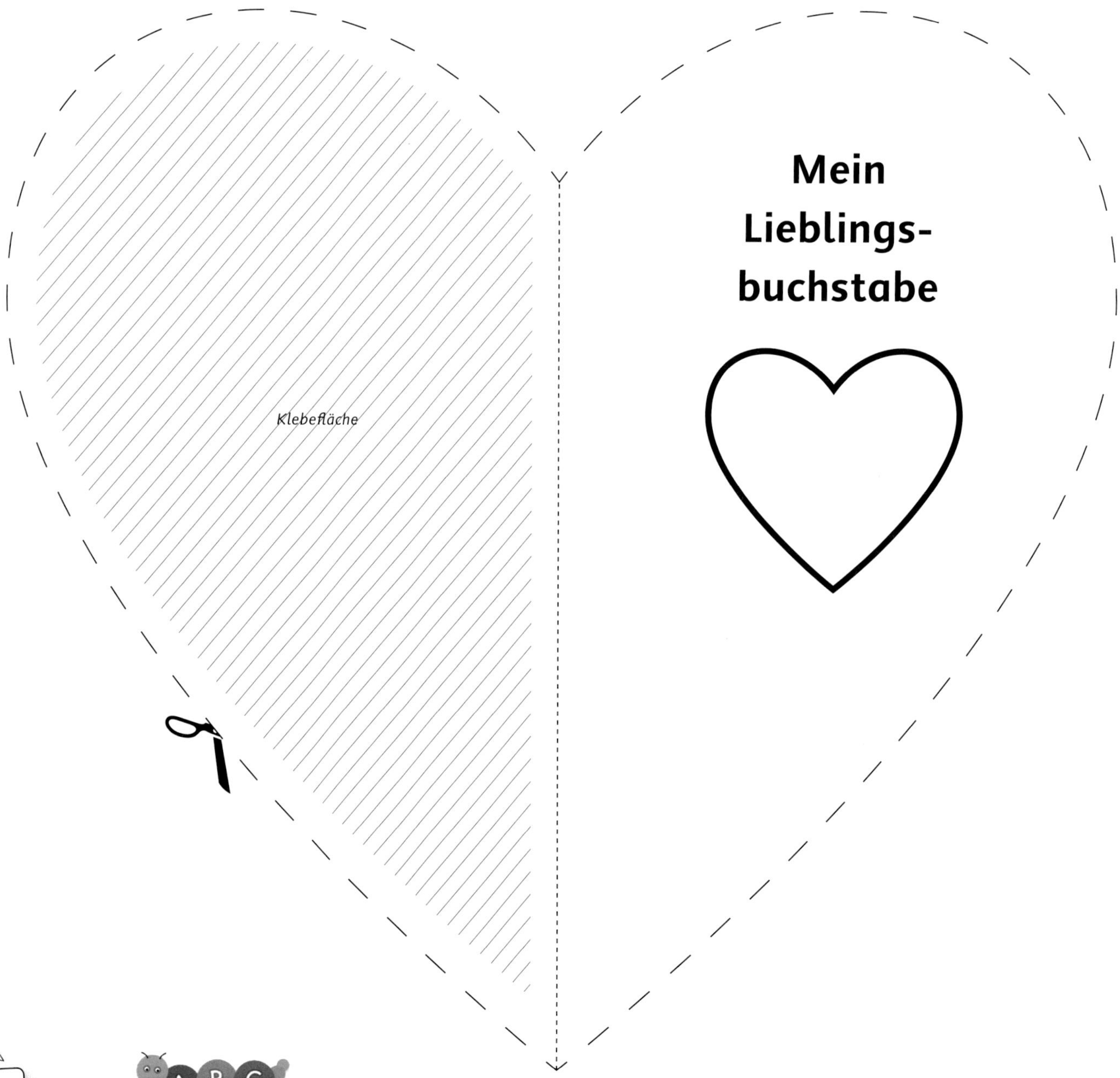